Querida Bego

nuevo de Trabaj

hacer. Sin embargo, puede ser

una aportación a ese campo.

Espero que te guste,

LA ADMINISTRACIÓN DE LA VIDA

PENSAMIENTO CRÍTICO / PENSAMIENTO UTÓPICO

Colección dirigida por † José M. Ortega (*in memoriam*)

148

Javier Ugarte Pérez (Comp.)

LA ADMINISTRACIÓN DE LA VIDA

Estudios biopolíticos

Giorgio Agamben
Richard Cleminson
Jesús Hernández Reynés
Antoni Mora
Francisco Ortega
Francisco Vázquez García

ANTHROPOS

LA ADMINISTRACIÓN de la vida : Estudios biopolíticos / Javier Ugarte Pérez, compilador.— Rubí (Barcelona) : Anthropos Editorial, 2005
191 p. ; 20 cm. — (Pensamiento Crítico / Pensamiento Utópico ; 148)

Bibliografías
ISBN 84-7658-749-X

1. Biopolítica 2. Control social I. Pérez Ugarte, Javier, comp. II. Colección
32:57

Primera edición: 2005

Edita: Anthropos Editorial. Rubí (Barcelona)
www.anthropos-editorial.com
ISBN: 84-7658-749-X
Depósito legal: B. 37.433-2005
Diseño, realización y coordinación: Plural, Servicios Editoriales (Nariño, S.L.), Rubí. Tel.: 93 6972296 / Fax: 93 5872661
Impresión: Novagràfik. Vivaldi, 5. Montcada i Reixac

Impreso en España – *Printed in Spain*

PRESENTACIÓN

La administración de la vida da título al conjunto de textos que se publican en este volumen y que, pese a los diferentes acercamientos que llevan a cabo sobre la vida humana, comparten una perspectiva común: el análisis biopolítico que surge a partir de los estudios de Michel Foucault. Este análisis aparece de forma embrionaria en 1975, con la publicación de *Vigilar y castigar,* donde el filósofo, sin nombrarlo aún, desarrolla la perspectiva biopolítica a partir de la capacidad productiva del castigo y las disciplinas sobre los sujetos; de manera elaborada, se encuentra en el primer volumen de la *Historia de la sexualidad,* de 1976. Foucault, a partir de esos años, estudia la génesis del racismo, la medicina social, etc. *Omnes et singulatim*, de 1981, sería el último texto importante en esta línea de pensamiento; en él analiza de forma novedosa el papel de la policía, tanto para extender la salud, actividad y productividad de la población, como su capacidad para encauzar la conducta individual, así como las razones de que su función sea aceptada mayoritariamente entre la población.

Como se verá en los artículos que siguen, las reflexiones sobre biopolítica mantienen que el poder, en Occidente, se basa en el gobierno de una población de la que extrae los mayores beneficios, tanto políticos como económicos, y en la dirección de la conciencia de los individuos para que comprendan las ventajas de esa administración. Por lo tanto, la biopolítica se esfuerza tanto por incrementar la productividad de los sujetos como la aceptación de los principios que sostienen el gobierno. De hecho, es una forma de racionalidad que confía en que al potenciar la vida, más sus capacidades que su número, se pueden desarrollar las facultades de conocimiento (ciencia) y poder (tecnologías). Las ventajas económicas que se obtienen del dominio de formas de vida vegetal y animal, gracias a la ingeniería, serían un fenómeno secundario respecto al político, puesto que tiene más relación con las tecnologías de biopoder que con los instrumentos de la biopolítica. Frente a la tradicional política de anexión y colonización de territorios, en el momento presente el objetivo es conquistar la voluntad de los gobernados, al tiempo que se cultiva su preparación, más que su crecimiento numérico. Esto supone la ruptura con concepciones anteriores que hacían del acto de matar, es decir, de ejecutar públicamente, la manifestación suprema del soberano. O, de forma paralela, implica el abandono de la conquista y colonización de nuevos territorios como máxima aspiración de un Estado. Desde el siglo XVIII se trata de algo distinto, de gobernar la vida entera, desde sus ritmos de crecimiento (fertilidad, nupcialidad, natalidad y mortalidad) hasta la actividad de cada individuo, tanto en sus horas de trabajo como en las de ocio. Cabría decir que los ciudadanos, además de ser los depositarios de un conjunto de derechos y deberes, son también sujetos, en el doble sentido del término «sujeto», es decir, independientes del poder al tiempo que necesitan todos los recursos que éste proporciona para realizar su independencia. La biopolítica se esfuerza por alcanzar un objetivo paradójico, sin duda.

Se podría afirmar que se trata de una nueva filosofía de la sospecha que seguiría las líneas marcadas por Nietzsche, Marx y Freud, y que incluyen ahora a Foucault. Nace cuando la sociedad surgida del capitalismo industrial ha madurado, depurado sus mecanismos de gobierno y descubierto que el trabajo es la nueva riqueza de las naciones, sobre todo un trabajo que requiere cualificación. Sospecha de la intención con la que se conceden derechos, sobre la letra pequeña de los pactos y acerca de la buena voluntad de los gobernantes. La biopolítica ha mostrado varias de sus caras en el pasado siglo. El genocidio llevado a cabo por el régimen hitleriano ha sido su aspecto más amargo, pero no ha sido el único ni el más característico, porque, como he afirmado, el objetivo del gobierno no es destruir, sino crear. Desconocidas resultan todavía las medidas aplicadas por las democracias durante esos años. Por eso, para movernos con seguridad en ese terreno, tienen que realizarse estudios sobre la amplitud de las políticas eugenésicas seguidas por los Estados más desarrollados. Por ejemplo, acerca de la experimentación de armas biológicas utilizando a ciudadanos desprevenidos que nada sabían de la manipulación de la que eran víctimas, mientras usaban el transporte público para desplazarse. O estudiar la aplicación de la lobotomía a enfermos mentales, práctica mejor documentada, que se realizó también sobre individuos rebeldes para su tiempo y que no padecían ninguna enfermedad. Pero no se trata sólo de estudiar estos casos, puesto que la biopolítica fue puesta en práctica por todos los sistemas políticos del siglo XX, aunque las democracias apliquen unas medidas, poco conocidas, y los totalitarismos fuesen prolíficos en la aplicación de otras, más estudiadas. Se trata de experiencias que no tienen precedentes en la historia.

Ésta es una de las razones por las que es necesario estudiarlas, para conocer su continuidad en el presente; la otra, porque es de temer que el siglo XXI no resulte menos innovador en este sentido. Para que el análisis resulte equilibrado, es necesario señalar que no todo es negativo, puesto que se combaten mejor las enfermedades, ha aumentado de forma significativa la esperanza de vida de la población, y los Estados dedican enormes recursos al capítulo de «gasto social», que comprende desde la educación hasta los cuidados de las personas dependientes (minusválidos, ancianos, etc.); de lo que se trata es de conocer los motivos de unas y otras realidades. Es decir, las causas de una de las mayores originalidades de la época que nos ha tocado vivir. Por eso, la perspectiva biopolítica se vuelca en el estudio de las razones profundas de todo ello, que nunca aparecen en los programas que se presentan a la ciudadanía cuando se la anima a apoyar las decisiones del gobierno. Se silencian, bien porque son demasiado inmorales o porque permanecen ignoradas, incluso por quienes las llevan a cabo. Sospecha, pues, de que las declaraciones públicas velen, más que revelen, los objetivos reales del gobierno, sea cual sea el régimen político.

Por eso, desde la reflexión biopolítica ni se afirma ni se niega la libertad, lo que se intenta es estudiar los mecanismos por los que el Estado, administrando la vida, acrecienta su potencia y recursos y los utiliza para fortalecer la población que gobierna. La vida ha dejado de ser un resultado del azar, si se quiere el regalo concedido por la divinidad, para convertirse en una consecuencia de la intervención política, y por ello es puesta en juego en la práctica cotidiana del poder. No sólo la vida, también la naturaleza humana se modifica con alguna de las medidas de gobierno, como atestiguan varios autores que participan en el volumen. Un hecho que muestra lo desconocida que resulta la biopolítica es que el término no ha sido todavía incorporado al Diccionario de la Lengua Española de la R.A.E. Sin embargo, no sucede lo mismo con «bioética», que se define como «Aplicación de la ética a las ciencias de la vida».[1] Es otro tema de reflexión que aparezca recogida la aplicación de la ética a la vida, pero no el dominio que sobre ella realiza la política.

Biopolítica o biopoder son los dos términos que Foucault utilizó para referirse a este hecho, pero decantándose por el primero a medida que avanzaba en su estudio. Se trata de un enfoque filosófico que vuelve problemáticos derechos, deberes, libertades y pactos, de los que tanto se habla en las democracias, y que ha ido extendiendo su enfoque a disciplinas como la Antropología o la Sociología. Análisis basado también en la historia, como se verá en alguno de los textos que siguen, puesto que se trata de entender cómo ha evolucionado el gobierno desde los inicios de la Revolución Industrial hasta el presente. El análisis biopolítico no tiene el objetivo de valorar lo que sucede, ni se empeña en una aritmética moral sobre las ventajas o desventajas prácticas de esas medidas. Tampoco se detiene en el detalle de sus mecanismos ni en el análisis de sus consecuencias, porque éste es el objetivo de las ciencias particulares. Por esa razón, supone un acercamiento entre la Filosofía y las Ciencias Sociales, puesto que no se puede llevar a cabo sin una colaboración entre diferentes disciplinas. La Filosofía necesita conocer los hechos concretos para tener la seguridad de que su reflexión no es una construcción irreal sobre la realidad, simple desconfianza sin pruebas. Ése es el motivo de que el volumen incluya un estudio histórico sobre algunas medidas que se aplicaron en España desde principios del siglo XX hasta la actuali-

---

1. *Diccionario de la Real Academia Española.* Vigésima segunda edición, 2001; segunda tirada, corregida, noviembre de 2004, p. 319. Lo mismo sucede en *María Moliner,* que en su edición de 2002 incluye la bioética, pero no la biopolítica.

dad. Las Ciencias Sociales también necesitan a la Filosofía para dar unidad a lo que, a primera vista, se presenta disperso y resulta difícil de comprender si no es integrado en un cuerpo teórico que le dé sentido.

Para concluir, llama la atención lo desconocido que resulta este enfoque en España, incluso el olvido en el que permanece. Aunque en otros países hace tiempo que se están realizando estudios desde esta perspectiva, en el conjunto de nuestro Estado no se encuentran más que traducciones de las obras de Foucault o Agamben. No es que la biopolítica sea la corriente de pensamiento dominante en Europa, ni parece que haya otras que puedan asumir ese título a comienzos de este milenio; tampoco tiene por qué ser negativa esta carencia de dirección. Sin embargo, ésa no es explicación suficiente para que resulte tan ignorada en el ámbito hispano. El presente libro intenta contribuir a que este vacío, sea por falta de atención o por desinterés, no continúe de forma indefinida, y aspira a servir de estímulo para que otros estudios y ensayos se abran camino en el futuro.

JAVIER UGARTE PÉREZ

«EL PODER SOBRE LA VIDA». FORMAS BIOPOLÍTICAS DE LA RACIONALIDAD

Jesús Hernández Reynés

La capacidad de manipular la vida pertenece a la esencia del hombre. A diferencia de los demás seres que pueblan la Tierra, que la habitan de manera pasiva, viviendo lo que les ha caído en suerte, sin más opciones que la mera adecuación para una mayor supervivencia, el ser humano vive a menudo incumpliendo lo que le es dado vivir, modificándolo, haciendo planes para un futuro distinto, ejerciendo un auténtico poder sobre la vida, sobre la propia y también sobre la vida sin más. Podríamos decir, por ejemplo, que un animal tiene una relación inmediata entre lo que le ha tocado vivir y lo que efectivamente vive. No hay manera de que ambas cosas se separen, diverjan. Esto hace que una especie animal disponga de unas opciones de vida que, por muy amplias que sean, siempre son limitadas y, sobre todo, conformes a un tipo fijo. El león se comporta como un león, la ballena como una ballena, la cucaracha como una cucaracha. Mientras que el hombre, esencialmente, se caracteriza por tener un conjunto de modos de vida infinito, es decir, no cerrado, innumerable. ¡Cuánta verdad hay en la concepción popular que ve al ser humano capaz de hacer como hace el león, la ballena o la cucaracha! Aunque algo atrevida, no está exenta de acierto la afirmación de que el hombre puede vivir como hombre precisamente porque no tiene que vivir de una manera concreta. Su vida es para él algo que, lejos de venirle hecho, lo tiene que hacer.

Hay poder sobre la vida, por tanto, en la medida en que el ser humano tiene su propia vida como tarea vital. Para el hombre, la vida se tiene que formar, descubrir, innovar, inventar. Y esto es así en su totalidad. Si la leona va de caza, puede ocurrir que cobre presa o no, dependiendo de muchos factores, que incluyen lo que ella misma hace; pero siempre será la leona que caza. No existe la leona esencialmente no cazadora, que fuera, por ejemplo, inexcusablemente la leona vegetariana. La vida de la leona, del león, no depende de lo que hace en ella, de lo que vive, como si pudiera vivir de muchas maneras, sino que hace, vive, todo aquello y sólo aquello que está de acuerdo con una vida de león. El animal vive lo que le corresponde vivir. En cambio, la vida del hombre es objeto del propio vivir, tal como lo es para la leona la caza. Y por ello la vida humana puede ser vida cazadora, vegetariana, o ambas cosas a la vez o ninguna de ellas. Lo que sea dependerá de lo que vaya haciendo.

En este sentido, en el hombre no hay una relación directa e inmediata entre lo que le compete vivir y lo que vive en realidad, pues su vida en realidad consiste en habérselas con la vida misma, en poder vivir lo que vive sin que esto sea exactamente coincidente con lo que le corresponde vivir. Este poder humano sobre la vida cuenta con dos características que lo definen: por un lado, la vida es para el hombre algo que se piensa, se explica, se proyecta, en definitiva, se dice; por otro, la vida humana se hace, se produce, se construye, se fabrica. Decir y fabricar, lenguaje y técnica, se consideran las características específicamente humanas. Pero, lejos de convertirse en dos factores independientes, el lenguaje y la técnica, en muchas concepciones, vienen a coincidir, vienen a ser como una sola cosa. Una capacidad lingüístico-técnica que, de acuerdo con la visión que venimos dando, es ante todo poder sobre la vida.

No es extraño, pues, que, en la búsqueda de nuestros ancestros, el paleoantropólogo trate de correlacionar restos humanos con actividad industrial, principalmente lítica. La razón de ello está en que, para considerar humana una especie fósil, no basta con signos morfológicos como la capacidad craneana o el bipedismo, sino que de alguna manera se ha de demostrar que esa especie estaba en disposición de una tecnología y que en el fondo era capaz de hablar. Aceptar que con estas características el hombre viene a ser quien tiene poder sobre la vida es reconocer que mientras que los animales, incluidos los antropoides, viven en el mundo que les ha tocado vivir, los humanos vivimos haciendo nuestro propio mundo. Por eso, la joya de un yacimiento, más que un cráneo bien conservado o un esqueleto muy completo, es un utensilio, cualquier pieza producto de la industria de aquellos seres.

Hoy en día está claro que el principal resultado de ejercer el poder sobre la vida no es el hacha de sílex ni las agujas de hueso, ni siquiera los vasos de cerámica. Pero hay razones para pensar que los útiles que ahora nos rodean, como los automóviles, los electrodomésticos o las computadoras, son de un orden similar al de esos antiguos productos. Al fin y al cabo, pueden entenderse como complicaciones de aquellas cosas primitivas, resultados de un mismo proceso, aunque más desarrollado, más perfeccionado. Sin embargo, en los últimos tiempos se ha venido dando una manipulación de la vida que es mucho más que fabricar un mundo humano lleno de cachivaches. Efectivamente, día a día estamos comprobando que la habilidad técnica y el saber correspondiente están en un momento que nos capacita para modificar la vida de una manera insólita. El hombre, nuestra especie, tiene en la actualidad un poder nunca antes visto. Comienza a ser capaz, de manera creciente, de fabricarse a sí mismo, de producir sus propios constituyentes. Su actividad más importante como humano ya no se limita a añadir más objetos al mundo, a la vida. Su actividad culminante es hacer él mismo aquello de que está hecho, construir sus propios elementos, modificar la vida biológica.

O al menos eso parece. Todo apunta a que el poder sobre la vida es hoy, de manera preeminente, el poder de fabricarse como vivientes. En nuestras manos comienza a estar, no sólo lo que nos rodea y la vida que una vez nacidos vivimos, sino la construcción del mismo viviente que ha de vivir su vida. Por primera vez, aquello de que estamos hechos y que en cierto modo hace que seamos como somos, no es algo que sea concebido como inevitablemente dado, sino que se admite, aunque sólo sea como cuestión disputada, que hay una vía de intervención de nosotros mismos en nuestra constitución física, en aquello de que estamos hechos. Por ello la vida humana, en su sentido biológicamente determinado, se abre a la acción, se hace objetivo de la acción del hombre, queda en cierto modo sometida a su poder.

La llamada ingeniería genética es sin duda un poder formidable. Nunca antes había estado la vida tan en manos de un saber técnico. Se puede decir que el hombre está consiguiendo con ello una indiscutible capacidad de manipular sus propios componentes. Una grandeza humana que tiene su correlato en una inquietud que no cesa de aumentar. En buena lógica, el desmesurado incremento de las posibilidades de vida va acompañado de una preocupación por las que vayan a ser realizadas. En los últimos tiempos han proliferado estudios, análisis, sobre esta capacidad creciente que el hombre tiene de fabricarse a sí mismo. Y es de notar que los que consiguen mayor resonancia pública tratan el fenómeno del poder sobre la vida casi siempre a partir de consideraciones ideológicas y técnicas. Se dirá que este tipo de aproximación es muy adecuado, ya que aquello de que se trata es algo que hemos venido describiendo precisamente como una capacidad lingüístico-técnica. En todo caso, es bien cierto que los análisis en boga se limitan a dichos aspectos y que su manera de proceder parece basada en lo que se presenta como de sentido común. Con datos pretendidamente actualizados se dibujan escenarios futuros que suscitan la aprobación o el rechazo. Los escenarios futuros son siempre ideas, los datos son siempre logros técnicos. Estos análisis, quizá por su profusión, han conseguido una descripción detallada del fenómeno estudiado y un alto nivel de información acerca del mismo. Una cosa y otra han hecho que el poder sobre la vida sea considerado el principal poder que el ser humano se dispone a ejercer a lo largo del recién iniciado siglo XXI. Sin embargo, a pesar de la justa consideración de su importancia y de su observación pormenorizada desde casi todas las perspectivas, se puede decir que habitualmente no se consigue abordar en qué consiste ese poder.

La biotecnología como poder, y no sólo como técnica o ideología

¿En qué consiste el poder sobre la vida? No estamos ante una pregunta corriente. Sabemos muchas cosas de este poder. Principalmente sabemos ejercerlo. Es precisamente su ejercicio extremo lo que lo convierte de manera acuciante en un asunto de preocupación. Pero no parece que logremos entender en qué consiste. Si para nosotros tiene sentido el esfuerzo por comprender lo que pasa, incluso si esta comprensión resulta un acto inútil con respecto a las ganancias concretas que podamos obtener, no estará de más intentar nuevas aproximaciones al fenómeno biotecnológico. De entrada, ya nos hemos situado en un terreno distinto al plantear la cuestión como un asunto de poder. En lugar de ideología y técnica, poder. Quizá porque ideología y técnica consisten en formas de poder. En cualquier caso, hablaremos de *poder* porque de esta manera es más fácil dar un vuelco al tema y mirarlo desde un lado diferente. No se trata, de todos modos, de rechazar los análisis habituales, sino de complementarlos conduciendo la pregunta hacia otro plano, un plano menos frecuentado.

Pero, ¿qué virtudes tiene hablar de poder sobre la vida para dilucidar con ello en qué consiste la actual capacidad humana de fabricarse a sí mismo? Sobre todo, ¿qué virtudes tiene con respecto a la aproximación técnica e ideológica, que describe muy bien cómo se hacen esas cosas y de qué manera se planifican, se evalúan, se juzgan, se normalizan, se financian, se prohíben...? Seguramente, lo más relevante del nuevo enfoque, o del enfoque menos habitual, sea no perder de vista que los desarrollos lingüístico-técnicos, más que encaminados a acrecentar la utilería que nos rodea, tienen su verdadero despliegue en la política; sí, en la política, en la vida en común. El poder sobre la vida es ante todo y sobre todo poder sobre la vida en común. ¿Qué busca, si no, el paleoantropólogo cuando indaga sobre restos humanos? Busca cultura, pues va al encuentro de industria, de evidencias de lenguaje, de organización social. Y si investiga determinadas características morfológicas del cráneo o de la mano es porque tiene comprobado que son signos que hacen a quien los posee capaz de hablar, de fabricar útiles; en definitiva, de tener una cultura, una sociedad, una vida en común.

Así, según este enfoque, la hominización, el desarrollo de caracteres humanos, se da, por ejemplo, cuando lo que era meramente una dieta frugívora (a base de frutas) pasa a ser parte de una cultura cazadora-recolectora, cuando la simple captura de presas pasa a ser parte de una técnica de caza, cuando, en suma, lo que era inicialmente una manada pasa a ser un grupo que vive en común. Y si a veces se habla, por ejemplo, de la estructura social de unos simios antropoides o de la técnica de caza de un felino africano o de la dieta insectívora de un ave, probablemente se hace por extrapolación, por cambio de contexto. Pero en cualquier caso, las técnicas animales, las sociedades animales, no son más que modos de vida que a unas especies de animales concretos les ha tocado vivir. En modo alguno pueden considerarse resultados del poder sobre la vida. En el ser humano, en cambio, son precisamente eso. Si estamos tentados a pensar que lo que le pasa al hombre es que tiene a su disposición más modos de vivir que una especie animal, deberemos tomar precauciones, pues de hecho lo que ocurre es que esos muchos modos son estrictamente innumerables. Efectivamente, una vez concluida una improbable enumeración de todas las formas de vida humana que hay y que ha habido sobre la tierra, aún nos quedarían las futuras, siempre abiertas, imposibles de clausurar. Por esto, cuando una especie animal, por ejemplo, cambia con el tiempo de hábito alimentario, debemos decir que ya estaba en sus modos de vida vivir alimentándose como lo ha acabado haciendo. Y en el extremo, si cambia mucho, seguramente deberemos dar cuenta del nacimiento de una nueva especie. Pero si el ser humano cambia, simplemente estamos ante una forma más, aunque nueva, de vivir humanamente. De alguna manera se puede afirmar que el hombre trabaja con el futuro; algo que le está vedado a cualquier otro ser que puebla la Tierra.

Sin embargo, considerar el poder sobre la vida desde la perspectiva que nos hemos propuesto, significa también dejar de estar obsesionados por lo que parece que obsesiona en los análisis al uso: el diseño del futuro. Ejercer de diseñadores del futuro conlleva una beligerancia que estorba en el análisis. Efectivamente, de la misma manera que reconocer en la capacidad lingüístico-técnica el rasgo específicamente humano no nos ha llevado a tener que admitir que el abordaje más interesante de ese fenómeno se deba realizar desde la perspectiva ideológica y técnica, sino que hemos propuesto hacerlo a través del estudio del poder, del poder sobre la vida, igualmente el hecho de reconocer que lo específicamente humano es trabajar con el futuro no nos conduce a tener que admitir que de lo que se trata es de diseñar ese futuro disputado. Puestos a analizar el fenómeno de la capacidad humana de fabricarse a sí mismo observando el poder que en ello hay implicado, conviene que nos hagamos algunas preguntas. ¿Por qué no podemos dirigir nuestra atención, no tanto a la especulación sobre el futuro que parece aguardarnos promovido por la biotecnología, sino al pasado en que se abrió la posibilidad de lo que ahora prolifera por todas partes? No hay que descartar de entrada que quizá sea ésta la manera en que podamos adentrarnos en lo que el poder sobre la vida consiste. ¿Que con esta actitud no intervenimos en la disputa sobre el futuro que nos aguarda bajo el dominio biotecnológico? Es posible. Pero, ¿acaso no merece la pena detenernos a pensar en qué consiste lo que está ocurriendo? De ser así, no es ocioso plantearse un análisis que se abstenga de intervenir en las disputas técnicas e ideológicas acerca del poder sobre la vida. De hecho, por mucho que la técnica actual de manipulación genética sea un logro de los últimos años, tiene sentido indagar si aquello en que consiste tiene que ver con ciertos fenómenos que vienen de atrás. Esto no quiere decir que vayamos a dedicarnos a inventariar predecesores del poder vigente. Más bien se trata de atender a las formas, actitudes, concepciones, problemáticas, estrategias, que en cierto momento surgen diferenciándose de las antiguas y que permiten el desarrollo de los nuevos fenómenos de administración de la vida, incluida la biológica y especialmente la humana.

De todos modos, para seguir esta manera de actuar, hay que ser conscientes de que no sólo probablemente se abandonará, sino que se tiene que abandonar el ánimo de intervenir en el fenómeno estudiado, al menos de intervenir como contendiente confeso. Ciertamente, lo primero que hemos de tener en cuenta es que no nos puede guiar el interés directo por sacar provecho inmediato de lo que vayamos descubriendo. No vamos a hacer negocio, no queremos tomar parte en los manejos que se llevan a cabo. Por ejemplo, si en la cuestión de la biotecnología capaz de fabricar seres humanos a la carta lo que consideramos importante es dirimir cuanto antes la bondad o la maldad de las ideas y las técnicas en ello implicadas, no vamos bien encaminados. No hay que perder la paciencia. Más que la necesidad de clausurar y dar por zanjada la discusión, hemos de tener la voluntad de abrir, de hacer que la discusión se despliegue por todos sus vericuetos, sin trabas, libremente; que prolifere por doquier para que muestre cuáles son sus supuestos. Una imagen clásica nos ilustra este asunto. Imaginemos que hemos de asistir a un juego, a un juego entre dos contendientes. Si acudimos dominados por la pasión de ser forofos de uno de los equipos, lo que veremos del juego difícilmente será el juego mismo, sino más bien cosas y acontecimientos a favor o en contra de nuestro deseo: que nuestro equipo gane. No se trata de negar la realidad de lo visto siendo un aficionado incondicional y entusiasta, incluso siendo un fanático; pero ha de estar clara la diferencia con respecto a lo visto desde una actitud desinteresada, o al menos carente de interés en una determinada conclusión del juego. A veces, lo primero que se debe hacer para ver en qué consiste el juego es dejar de jugar, abstenerse de estar involucrado, sea como jugador o como espectador aficionado, en el juego mismo.

De la industria lítica a la biotecnología, ¿un aumento de poder?

Contemplemos, pues, la biotecnología y sus espectaculares avances como una manifestación del poder sobre la vida, poder propiamente humano. Al hacer esto, inmediatamente se nos ocurre la siguiente pregunta: ¿no será que esta avanzada tecnología resulta del desarrollo de un genérico poder inherente a la naturaleza humana? Dicho de otro modo, si entendemos la biotecnología como un tipo de expansión del poder que caracteriza al hombre, ¿no estamos afirmando con ello que la biotecnología es una *consecuencia* del progreso de ese poder? Ya antes hemos señalado en esta dirección al dar a entender que entre el hacha de sílex y la manipulación genética había cierta continuidad; también al insistir en que todos esos fenómenos lingüístico-técnicos son en el fondo una misma cosa: poder sobre la vida. Todo apunta a que hemos hecho uso de un concepto genérico capaz de englobar un amplio abanico de formas varias. Ciertamente, hay que reconocer que este punto de vista global, hábil para observar en comunidad diferentes fenómenos, pertenece al tipo de análisis que estamos proponiendo. Si decimos que hay que hablar del poder para saber en qué consiste la biotecnología, en lugar de fijarnos en asuntos técnicos e ideológicos, a la vez estamos invitando a considerar de manera conjunta, por ejemplo, la industria lítica y la clonación de seres vivos.

Sin embargo, también ocurre que no podemos negar la diferencia del actual poder biotecnológico con respecto al poder manifestado en la primitiva cultura paleolítica. El hecho de que veamos una comunidad entre ambas formas de poder no impide que a la vez tengamos la obligación de afirmar las divergencias. O dicho de otro modo, estamos obligados, para ser rigurosos en el análisis, a dejar claro que la industria lítica es algo antiguo, muy antiguo, y que la biotecnología es algo moderno, muy moderno. ¿Es esto banal? En modo alguno, pues no sólo estamos pensando en una mera ordenación cronológica, sino en cierta relación genético-evolutiva. Es decir, de alguna manera, la fuerza de las cosas mismas nos lleva a reconocer que el poder sobre la vida en su forma actual *supera* al poder sobre la vida en su forma primitiva. Quizá estemos tentados de considerar esto como algo obvio, que no merece más atención. Pero poco perderemos si por un momento nos paramos a pensar en ello.

¿En qué consiste la superioridad del poder biotecnológico con respecto al poder de la industria paleolítica? Supongamos que es una pregunta fácil y que la podemos responder con rapidez. Porque de hecho, ¿quién no es capaz de imaginar que la industria paleolítica puede pocas cosas, o que en general puede poco, y que la biotecnología puede muchas cosas, o que en general puede mucho? Efectivamente, lo miremos como lo miremos, la técnica de las piedras es algo rudimentario con respecto a la técnica de la llamada ingeniería genética; igualmente, el saber en ellas implicado. La cultura paleolítica es a todas luces simple, mientras que la cultura biotecnológica es indudablemente compleja. La superioridad, pues, de lo moderno con respecto a lo antiguo no depende de la relación de lo posterior con lo anterior, sino de lo complicado con respecto a lo sencillo. Es superior lo complicado, lo complejo, lo desarrollado; es inferior lo sencillo, lo simple, lo rudimentario. De este modo, lo moderno aparece indefectiblemente como más civilizado, y lo antiguo como primitivo.

Ahora bien, seguramente, el hecho de pensar así —que es, por otra parte, de sentido común—, conlleva tomar por acertada la idea de una mayor perfección en lo moderno con respecto a lo antiguo. Es decir, en cierto modo admitimos que la técnica biológica es más *perfecta* que la técnica lítica. La manera de concebir esta perfección tiene que ver con la fuerza, en tanto que aquello que, aplicado, permite hacer o conseguir algo. Por ejemplo, en buena medida, la imagen de un poder más perfecto muestra siempre un poder que gana, que resulta vencedor ante los más variados obstáculos. Así, el hombre primitivo, el *Homo* del Paleolítico inferior, poseedor de una industria lítica que los especialistas denominan *Achelense*, suele ser representado como un individuo desnudo sujetando un bifaz (hacha de piedra) con la mano. Blandir el hacha lo convierte en más poderoso que si no la esgrimiera, pues se entiende que con el hacha es capaz de vencer a fuerzas superiores. Igualmente, el hombre contemporáneo se corresponde bien con un individuo vestido con una bata blanca, sujetando una probeta con la mano, símbolo de su técnica biogenética. Su técnica, precisamente, le hace capaz de vencer a fuerzas superiores, a las enfermedades e incluso a la muerte. En definitiva, lo que hace o consigue el ser humano con sus propias manos, con sus recursos, con sus fuerzas: esto es lo que se acrecienta al ganar perfección.

Por lo tanto, si la ingeniería genética es más perfecta que la cultura achelense será porque hace o consigue más. Si preguntamos, ¿más de qué?, la respuesta no es evidente. Quizá se trate de más de esto y de aquello, es decir, de más cosas, y ya está. Pero no parece que sea por la mera cantidad por lo que juzgamos más perfecto al *Homo Sapiens* actual, cargado de probetas y de batas blancas, que al *Homo Erectus* y su primitivo bifaz. ¿O no? De hecho, hay una imagen cuantitativa que bien podría representar lo que habitualmente entendemos por un poder superior. Se trata de la fuerza pensada como empuje, que vence a una resistencia. Al fin y al cabo, ¡la vida qué es sino una resistencia que ha de ser vencida! El hombre del Pleistoceno, con su hacha de piedra, consigue cortar mejor la carne de su presa, y con ello posiblemente mejora la calidad de su dieta alimentaria, ganando, por lo tanto, una vida en otras condiciones. Pero lo importante es reconocer que estas condiciones, además de ser quizá mejores, significan cierto grado de victoria por parte del hombre sobre lo que le ha tocado vivir, pues le ha tocado vivir con unos dientes muy débiles para cortar la carne y el bifaz logra contravenir estas limitaciones. Si pensábamos ya desde el inicio del análisis que el poder sobre la vida venía a ser la capacidad humana de transgredir lo que al hombre le ha caído en suerte, está claro que hay más poder allí donde la capacidad de transgresión es mayor, pues, en este caso, la fuerza empuja más. Y entonces también está claro que lo que el hacha de piedra permite transgredir, en el orden dado de las cosas, es ciertamente mínimo en comparación con lo que la biotecnología altera. Contamos, pues, con una fuerza, con un poder muy superior, más perfecto en la época contemporánea que en la prehistoria, porque la vida queda ahora más alterada, más modificada, más vencidas sus resistencias cuando se ejerce la biotecnología, que es la forma actual del poder sobre la vida. Por consiguiente, lo que el poder sobre la vida consigue no son más cosas por el mero hecho de la cantidad, sino que es capaz de mayor alteración cuanto más puede. Mayor poder sobre la vida es igual a mayor capacidad de alterarla, de hacerla conforme a lo humano, transgrediendo lo que ya viene dado como hecho.

Una imagen así nos dibuja un poder tecnológico que empuja, hasta vencerlas, las resistencias ofrecidas por lo que cayó en suerte. Imaginamos, pues, una nueva vida que resulta de trastocar el orden de lo dado. Progresivamente, el ser humano iría construyendo su propia vida en contra de la que inicialmente le habría correspondido. Precisamente, ser humano, poseer características humanas, sería esto: vivir haciéndose la propia vida, venciendo las resistencias de lo que aparece como impuesto. Según este punto de vista, la idea de hombre vendría definida por la posesión de una fuerza de empuje y su medida podría concebirse cuantitativamente. El mayor desarrollo de lo humano coincidiría con una mayor victoria de la fuerza de empuje sobre las resistencias con que se encuentra. Más perfección significaría más vida construida por el hombre y menos vida recibida ya hecha. Ahora bien, la pregunta que nos podemos hacer es: ¿cómo soporta este modelo la comparación de lo biotecnológico con la industria lítica? Es decir, ¿podemos alegremente concebir que la biotecnología sea una mayor capacidad de perturbación allí donde la industria paleolítica no perturbaba prácticamente nada? Por de pronto, contestar que sí nos obliga en cierto modo a afirmar que el *Homo Erectus*, con su primitiva cultura achelense, vivía más pasiva que activamente; al contrario que el *Homo Sapiens* actual, que estaría viviendo de forma más activa. Es cierto, siguiendo con esta visión, que el hombre del Paleolítico inferior se tendría que conformar con incidir escasamente en su mundo, viviendo más bien lo que le cae en suerte, de manera resignada. En cambio, el hombre contemporáneo habría logrado configurar la propia vida a su manera, consiguiendo evitar la mayor parte de las cosas que, aun habiéndole tocado, ha llegado a estimar que no le convenían. ¿Cuál es el problema que esta perspectiva nos plantea?

¿Qué puede significar un mayor poder?

En primer lugar, si estamos comparando la prehistoria con la contemporaneidad es porque contamos con un territorio común, el del poder sobre la vida esencial al género humano, en el cual entendemos que ambas épocas se hallan representadas. Pero este territorio común no es algo que esté ahí como una cosa fija a la que podamos recurrir en cualquier momento para confrontarnos. Dicho de otra manera, no resulta evidente cuál es el grado de impacto de la actividad humana, de cualquier actividad humana, en la construcción de su propia vida. En modo alguno se presenta como algo sencillo determinar si una cultura concreta está siendo activa o pasiva en relación a la vida que lleva a cabo. Sí que nos podemos hacer fácilmente una idea del «impacto ambiental» de una cultura, en el sentido de ver la incidencia que tiene en el entorno. Pero haríamos mal en identificar esa incidencia con la intensidad en el ejercicio del poder sobre la vida. El desplazamiento de una manada de elefantes puede dejar hecho cisco un sector enorme del bosque, y no por ello hemos de considerar que los elefantes están tomando su propia vida como objeto de su acción. Los elefantes son pasivos, viven lo que les ha tocado vivir, mientras que el *Homo Erectus*, seguramente sin provocar tanto destrozo, toma en cierto modo las riendas de su propia vida. Por lo tanto, no podemos usar como baremo del grado de conformación de la propia vida la destrucción o modificación del entorno.

En segundo lugar, el poder sobre la vida, como fuerza de impulso, no se destaca sobre un fondo preestablecido, no es un movimiento de salida desde un interior predeterminado. Si para ilustrar ese poder usamos como ejemplo el significado de la expresión «salirse del guión», habrá que decir, de manera rotunda, que en el caso del hombre no hay guión del cual salirse. Está bien ver lo específico del género humano como una capacidad de transgredir lo dado, pero esto no nos ha de llevar a creer que está fijada desde siempre una vida humana sin trasgresión. Si la vida se vive sin trasgresión, si la vida se vive pasivamente, simplemente efectuando lo dado, ya no se puede hablar de vida humana, pues, efectivamente, se trataría de una vida sin presencia alguna de un poder sobre ella, de un poder propio, perteneciente al mismo viviente. Pensar que la trasgresión propiamente humana es un movimiento que pasa de un estadio en que nada se habría trasgredido a otro en que la vida es nueva, nos obliga a admitir que hay una vida humana sin trasgresión (la inicial), lo cual es contradictorio. Cuando los paleoantropólogos identifican homínidos fósiles que no están en posesión de una capacidad lingüístico-técnica no los clasifican como seres humanos sin capacidad lingüístico-técnica, sino que los catalogan como un género de homínidos distinto. Es el caso de los *Australopitecos*, que, aun siendo bípedos y más parecidos morfológicamente al hombre que a otro animal, en cambio no son admitidos como *Homo*. Entre el *Australopiteco* y el primer *Homo* hay un salto. El hecho de que haya disputas sobre alguna especie de *Australopiteco* que está en la frontera, como es el caso del *Australopiteco garhi*, al cual hay quien le atribuye los instrumentos de piedra hallados en Gona, Etiopía, con una edad estimada de 2,5 millones de años, lo que precisamente demuestra es que de ninguna manera se pueden mezclar conceptualmente las especies *Australopiteco* y *Homo*. No tiene sentido pensar que el *Homo Habilis*, considerado mayoritariamente el primer antepasado humano, aunque contemporáneo de ciertas especies de *Australopitecos*, fuera iniciador de una vida propiamente humana pero dada como algo previamente determinado y que, de manera incipiente, se hubiera lanzado después, como un segundo paso, a la aventura de trasgredirla. Sólo con la trasgresión comienza lo humano; no hay estado humano previo a la trasgresión; sólo hay humanidad allí donde hay poder sobre la vida. Sin embargo, es cierto que parecemos rodeados de presuntos seres humanos que, en lugar de inventar su propia vida, la viven siguiendo lo que les viene dado. Pero no hay que confundir esta pasividad, que es derivada, con la existencia de un tipo fijo de vida humana, algo así como una vida que sería auténticamente natural, auténticamente pasiva y, en este caso, por lo tanto, auténticamente animal. Cuando el hombre parece que hace el animal demostrando no tener cultura no es porque sea efectivamente un animal en origen, sino porque, de las muchas maneras en que puede vivir, también le es posible una manera inhumana. Y esta manera inhumana no dejará de ser, a pesar de los pesares, también un hecho cultural. Por todo esto es difícil pensar en el hombre del Paleolítico como alguien menos perfecto que el hombre actual, pues casi inevitablemente se cuela con ello la inadecuada idea de una cultura humana más animal que otra o más cercana a la pura animalidad.

Finalmente, el punto de vista que observa al hombre contemporáneo como un ser humano más perfecto que el del Paleolítico por disponer de una técnica superior, capaz de alterar en mayor grado el mundo que le rodea y conseguir con ello hacerse en mayor medida una vida propia, es un punto de vista difícil de mantener también por otro motivo. Si resulta complicado medir el grado de perfección de quien posee la biotecnología con respecto a quien posee la industria lítica usando la misma característica que define lo humano, también acaba en un embrollo el intento de buscar algún tipo de comprobación física del impacto tecnológico en la vida. No es ninguna prueba, según lo visto, el grado de destrucción del medio; tampoco, la lejanía con respecto a lo meramente animal; pero es que en vano buscaremos algo externo que sirva de patrón para la medida del poder humano. Dado que la importancia de un hecho es siempre algo relativo, ¿cómo podremos establecer, bajo qué criterios, si fue más importante el invento del bifaz o lo ha sido ahora el desarrollo de la ingeniería genética? Como dijimos más arriba, es probable que con el hacha de mano el hombre del Paleolítico inferior consiguiera una notable mejora de su dieta alimentaria. Si comparamos esta mejora con la ocasionada por uno de los productos estrella de la ingeniería genética como los alimentos transgénicos, ¿qué hemos de decir? Con respecto al avance innegable que supone la mejora de la dieta, ¿cuál de los dos fenómenos, el hacha de piedra o los alimentos transgénicos, ha sido más importante? Puede que al querer responder nos asalte cierta perplejidad. La misma que con otro ejemplo nos lleva a darnos cuenta de que a veces lo simple tiene más repercusión que lo complejo. Así, ¿de qué manera podemos defender que el descubrimiento de la técnica para producir voluntariamente fuego fue menos importante que la técnica de clonación que dio como resultado el nacimiento de la oveja Dolly? No nos vamos a meter ahora en el apuro de tener que responder a esta pregunta o a la anterior. Siguiendo con nuestra manera de analizar el poder sobre la vida, trataremos más bien de ver en qué consiste hacer de esos temas problema y asumir la dificultad de contestarlos. Porque hay una cosa que no se nos oculta. Más allá de que concedamos mayor importancia a uno u otro acontecimiento, nunca podremos dirimir el asunto recurriendo a algo que baste con únicamente señalarlo para que se dé por zanjada la disputa. No sólo es un problema determinar en qué grado el hombre prehistórico configura su propia vida, sino que también es un problema establecer qué es esa misma configuración. Además del caso en cuestión, resulta problemático el concepto general.

Si imaginamos una discusión sobre qué hay tras una puerta cerrada junto a la cual permanecemos, convendremos en que la sola apertura de la puerta daría por dirimida la disputa. ¿Qué ocurre con la discusión acerca del poder sobre la vida? Que en modo alguno se podrá resolver a la manera del ejemplo. No sólo es problemático saber cuánto poder se ejerce en un caso concreto analizado, sino que igual de problemático será encontrar el resultado efectivo del ejercicio de ese poder, al menos si esperamos que ese resultado tenga la misma manera de ser que la cosa o cosas que se encuentran tras la puerta antes mencionada. Por más que busquemos, por más que abramos puertas y eliminemos barreras y obstáculos para nuestra visión, jamás podremos contemplar un ejercicio efectivo del poder sobre la vida que decida por sí solo cuál ha sido el grado de ese ejercicio, de esa aplicación de fuerza, de ese empuje que vence a las resistencias que ofrece lo dado. ¿Quiere esto decir que el tema de cuál es la técnica más poderosa, si la lítica o la biológica, ha de quedar sin resolver? En modo alguno. Su solución ha de tener. Pero lo que sabemos seguro es que esa solución no consistirá nunca en abrir la puerta y mirar, como en el ejemplo anterior. ¿En qué consiste, entonces?

Sin ánimo de poner nuestro interés en conocer cómo se resuelve el litigio, pues no nos corresponde, el análisis pormenorizado nos lleva a comprobar que el mismo proceso, que el mismo esfuerzo que se dedica a dirimir la disputa sobre los grados de poder, se ha de aplicar y se aplica a determinar el efecto que en cada caso ha tenido el ejercicio de ese poder. Dicho de otro modo, cuando tratamos de la industria lítica y del nivel de su impacto sobre la vida del hombre y hacemos una comparación con la biotecnología, estamos de acuerdo en que lo que hacemos es hablar, hablar razonando, argumentando, inquiriendo, concluyendo... Pero al hablar así no podemos por menos que hablar también de lo que serían los resultados, en el sentido de que no podrán ser nunca meros datos externos al discurso mismo. Si hay que discurrir para determinar los saberes, lo que podríamos denominar la teoría de la cultura achelense, también hay que discurrir para determinar la base fáctica, los hechos sobre los que la teoría que analiza esa cultura se asienta. La antropología, la arqueología, la paleontología incluyen en su ideación el saber acerca de determinadas cosas o acontecimientos y también esas mismas cosas o acontecimientos. No es que les pongan nombres a cosas que están ahí con independencia de que sean o no nombradas, sino que, en cierto modo, construyen esas mismas cosas sobre las que teorizan.

La superioridad del discurso moderno como poder

Desde el principio hemos dicho que la característica esencial del ser humano se resume en su capacidad lingüístico-técnica. Decir y fabricar, hablar y producir constituyen lo que propiamente hace humanos a los humanos. Desde nuestra óptica, el lenguaje y la técnica han venido a ser tratados como un poder sobre la vida, y de manera insistente hemos subrayado la unicidad de ambos fenómenos. No es que alguien que produce además hable, o que alguien que habla además produzca. Hablar y producir son una sola cosa en tanto que poder sobre la vida. El hombre, pues, que viene definido por ser quien posee ese poder, es de manera indivisa hablante y productor. Siendo esto así, no hay que olvidar que el *Homo Erectus* y su cultura achelense no sólo fabricaba bifaces, sino que hablaba de manera que los bifaces y la técnica de su producción eran objetos del habla. ¿Cómo, si no, imaginar la búsqueda y la elección de materiales apropiados, la experimentación de la técnica, la consolidación de los descubrimientos, etc.? Y hablaban con sonidos oclusivos, con gestos, con miradas..., da igual, todo a la vez, porque era indispensable para llevar a cabo una industria, la lítica, que no puede ser sino una labor de grupo, de vida en común. El hombre habla viviendo una vida en común y vive en común únicamente hablando. La industria lítica es una técnica que sólo nace, se mantiene y se desarrolla en una vida en común.

Por lo tanto, de la biotecnología cabe destacar, no sólo sus destrezas prácticas o sus conocimientos técnicos, sino todo aquello de que habla el hombre biotecnológico, que es quien vive en común en la época de la ingeniería genética. Y he aquí que lo primero que podemos decir es que el hombre de la biotecnología, que al fin y al cabo somos todos nosotros, habla precisamente de lo que hablamos nosotros. Y nosotros lo que hemos estado haciendo desde el comienzo de este escrito es hablar de la esencia del hombre, de los rasgos típicamente humanos, de la vida que el ser humano se hace a sí mismo sobre la Tierra. ¿Es esto pura casualidad? Creemos que no. De un modo u otro, ha de ser relevante para la biotecnología el hecho de ser una forma de poder sobre la vida que se despliega a la vez que el discurso de la paleontología humana. Ha de ser relevante que sea la época contemporánea, y no otra, la que cuente con el saber antropológico, paleontológico, prehistórico. Tan relevante como ha de ser el hecho de que el hombre del Paleolítico superior no supiera nada de paleoantropología. ¿Es esto, de nuevo, algo trivial? ¡Veámoslo!

Por de pronto, no se trata de señalar una estúpida obviedad. No es que lo de antes sea anterior y lo de después sea posterior, ¡que también! Lo que conviene destacar es que hay formas del poder sobre la vida, formas de posesión de una técnica y de un saber correspondiente capaz de modificar la vida, que integran, que contienen, que envuelven, que dominan a otras. La biotecnología no es sólo cronológicamente posterior a la industria paleolítica, sino que la contiene en sus rasgos básicos. No son simplemente tecnologías y saberes distintos, sino que hay uno, el contemporáneo, que incluye en cierto modo al otro, al prehistórico. ¿Cómo? Mediante su presencia como objeto de saber. La cultura contemporánea incluye a la prehistórica porque posee un saber sobre ésta. Lo prehistórico es lo que es en la medida en que se descubre así en las ciencias que lo estudian, en los saberes que lo contemplan. De este modo, lo que podríamos denominar la realidad de la cultura achelense carece de elementos que sobrepasen la cultura contemporánea, aquella a la cual pertenece la biotecnología. Todo lo de aquélla queda sujetado por ésta. A lo de ahora no se le escapa nada de lo de antes; nada relevante, se entiende. El saber antropológico es el modo contemporáneo de plasmar lo que al fin y al cabo es una superioridad de la cultura actual en relación a la pasada.

Quizá nos resulte extraño oír hablar así porque la diferencia de la civilización occidental con respecto a la de los primeros humanos es enorme, al igual que lo es la distancia en el tiempo que nos separa. Pero el mismo tipo de hechos podemos encontrarlo en otros ejemplos. Así, en los encuentros con pueblos de lugares remotos de la Tierra, que habían permanecido inaccesibles por variadas circunstancias. Encuentros que han dado lugar a exterminios sin contemplaciones, como el caso de los aborígenes de Tasmania, o a relaciones proteccionistas, como el caso actual de los maoríes de Nueva Zelanda, aunque siempre con curiosos procesos de la llamada aculturación. Sin embargo, quizá sea un ejemplo más interesante, aunque muy controvertido, el del llamado *descubrimiento* de América. Obligando a matizar el modelo que reduce la superioridad tecnológica exclusivamente a la fuerza militar, la conquista de las sociedades precolombinas por los europeos nos muestra algún ejemplo de disimetría cultural en el sentido de diferencias de poder sobre la vida.

El caso más estudiado es el de la conquista por Hernán Cortés del denominado imperio azteca, a comienzos del siglo XVI. Sin entrar en pormenores, parece que la superioridad de la fuerza militar invasora (número de soldados, armas, o el mayor poderío del armamento, cañones, escopetas, o de otros medios, caballos, armaduras de hierro, bergantines) no es suficiente para explicar la caída de México-Tenochtitlán en manos españolas. Tampoco la introducción de nuevas enfermedades, matanzas, etc. El genocidio indígena no puede entenderse como una causa de la conquista, sino como un efecto. Lo que de hecho encontramos, analizable principalmente a través de los escritos que se conservan de ambos bandos, es el enfrentamiento entre, por un lado, una capacidad creciente de Cortés y los suyos para integrar a los mexicanos en su discurso de dominación, en su racionalidad de dominio, y, por otro lado, una total incapacidad de Moctezuma y su pueblo para hacer lo propio. Principalmente Moctezuma (pero no hay por qué no pensar lo mismo de Cuitláhuac o de Cuauhtémoc, sus sucesores), hizo repetidos, y frustrados, intentos por ubicar a los españoles en su cosmovisión, en su manera de entender el mundo; manera en la que no entraba para nada la posibilidad de unos seres que, en lugar de limitarse a ejercer su fuerza sin complejos, se dedicaban a planificar, a inventar, a entrometerse, a tergiversar, a usar de todo tipo de recursos para un solo fin: conseguir sujetar todo un nuevo mundo integrándolo en las maneras de entender las cosas del viejo.

Los conocidos como «informantes de Sahagún», viejos indígenas ancianos de la cultura nahua que respondieron las preguntas planteadas por Fray Bernardino de Sahagún, refieren algo del mundo y la mentalidad de Moctezuma: cómo intentó entender a los extranjeros asimilándolos a dioses, cómo mandó magos para causarles maleficios, cómo a la vez les ofreció sacrificios humanos, siempre mal interpretados por los españoles, cómo, en definitiva, fue agotando las opciones de comprensión y acabó por entregarse a una inmóvil perplejidad. «No hizo más que esperarlos —nos cuentan. No hizo más que resolverlo en su corazón, no hizo más que resignarse; dominó finalmente su corazón, se recomió en su interior, lo dejó en disposición de ver y de admirar lo que habría de suceder» (trad. de Ángel Garibay). Una magnífica pasividad que contrasta con la actividad sin tregua de Hernán Cortés. Cortés no sólo es alguien que siempre lleva la iniciativa, sino que ésta es consecuencia de su buena información. Tiene el cuidado de proveerse de intérpretes capaces de traducir las lenguas y de guías conocedores del terreno, de comprender a Moctezuma a partir de sus propios conceptos, de establecer comparaciones con cosas y lugares de España y de Europa que le ayudan a entender los nuevos sitios y las nuevas gentes. Su propósito es siempre claro: no sólo obtener riquezas («rescatar oro», como dicen las crónicas), sino sobre todo «conquistar la tierra y ganarla y sujetarla a la Corona Real», en palabras de la primera *Carta de relación*.

Pero lo que más llama la atención de Cortés es que está constantemente en un nivel lingüístico, de razonamiento, por encima de los mexicanos. Valga de ejemplo lo que el mismo Cortés cuenta en una carta (la tercera *Carta de relación*) a Carlos V: «dije cómo había sabido que los de las provincias de México y Temixtitan aparejaban muchas armas, y hacían por toda su tierra muchas cavas y albarradas y fuerzas para resistirnos la entrada, porque ya ellos sabían que yo tenía voluntad de revolver sobre ellos. Y yo, sabiendo esto y cuán mañosos y ardides son en las cosas de la guerra, había muchas veces pensado por dónde podríamos entrar para tomarlos con algún descuido, y porque ellos sabían que nosotros teníamos noticia de tres caminos o entradas, por cada una de las cuales podíamos dar en su tierra, acordé de entrar por este de Texmoluca, porque como el puerto de él era más agro y fragoso que los de las otras entradas, tenía creído que por allí no teníamos mucha resistencia ni ellos estarían sobre aviso». Como se ve, el caso es que Cortés no sólo sabe lo que pasa del lado de los indios, sino que además sabe lo que los indios saben de lo que él mismo sabe de ellos. Algo que le lleva a tener una perspectiva mucho más poderosa que la de los mexicas. Lo que hoy en día se ha dado en llamar inteligencia, no cabe duda de que corría de su parte.

Sería absurdo negar la importancia de la victoria de Hernán Cortés en la guerra que se desató entre los pueblos indígenas de México y los invasores españoles, pero a la vez sería conveniente observar que no es esa victoria militar o bélica lo que hace de la cultura europea una cultura colonizadora de América. Los puntos resaltados más arriba, que indican que de alguna manera los españoles disponían de un poder capaz de integrar en su seno las culturas indígenas, son de mayor relevancia que el resultado bélico de la campaña de Tenochtitlán propiamente dicha. No siempre hay que identificar la victoria bélica con un mayor poder cultural. Hay ejemplos históricos de vencedores vencidos que ilustran lo que queremos decir. Es famoso el acontecimiento cantado por Horacio: «*Graecia capta ferum victorem cepit*», refiriéndose a Roma. Pero el caso paradigmático y quizá de mayor consenso es el de la invasión del Imperio Romano por los denominados *bárbaros*. ¡Cómo quedaron los bárbaros cautivos de Roma! Está claro que la cultura grecorromana disponía de un poder mayor que el de las tribus venidas del norte. La llamada *romanización* es el mejor ejemplo de poder sobre la vida que va más allá de la circunstancial fuerza militar.

Pero en el caso de la conquista de América intervienen factores de poder que son completamente modernos. En particular, aparece un discurso de cierto relativismo que, lejos de situar al otro como algo completamente distinto que sólo se puede suprimir o ignorar, integra la alteridad con toda su fuerza, la hace propia. Este fenómeno resulta curioso, pues entre sus virtudes, para el poder de conquista, está la de convertir a los conquistados, que en este caso son también vencidos, en los máximos defensores de la cultura dominante. Así, el ya mencionado Fray Bernardino de Sahagún, o el más famoso Fray Bartolomé de las Casas son exponentes de dicho discurso relativista. De este último es este texto: «Destos ejemplos antiguos y modernos claramente parece no haber naciones en el mundo, por rudas e incultas, silvestres y bárbaras, groseras, fieras o bravas y cuasi brutales que sean, que no puedan ser persuadidas, traídas y reducidas a toda buena orden y policía y hacerse domésticas, mansas y tratables, si se usare de industria y de arte y se llevare aquel camino que es propio y natural a los hombres, mayormente conviene a saber, por amor y mansedumbre, suavidad y alegría y se pretende sólo aqueste fin». Son palabras que declaran la virtualmente infinita potencia de la cultura propia para integrar, llevar a su terreno, cualquier otra cultura que se pueda presentar. Los indios, a partir de entonces, por así decir, vivirán en la medida en que sean reconocidos por la cultura dominante. Los indios ya no serán más lo que eran, sino que, en el mejor de los casos, se contentarán con ser el objeto de los derechos reconocidos por un discurso generado en el seno del poder invasor.

La biotecnología como una forma de racionalidad

En resumidas cuentas, una vez llevada a cabo la consideración de manera conjunta de la industria paleolítica, fabricante de bifaces, y de la biotecnología, capaz de avanzar en el proyecto humano de fabricarse a sí mismo, debemos concluir que, aunque efectivamente son ambos complejos lingüístico-técnicos modos del poder sobre la vida, consustancial a la humanidad, no es menos cierto que aparece una diferencia que los sitúa en planos distintos. Que fabricar instrumentos de piedra y fabricar seres humanos sean dos formas de fabricar no impide que se abra un abismo entre ellas cuando consideramos no sólo la acción simple que representan, sino sobre todo el conjunto de factores que les da sentido y en cierto modo las hace posibles. Es decir, que al momento de entender que el hecho de producir bifaces es una manifestación de un tipo de vida que se ejercita con discursos, con acciones, igual que por su parte lo es la biotecnología, se nos hace entonces presente que la vida actual, la nuestra, la contemporánea, difiere notablemente de lo que a lo largo de cientos de miles de años el hombre ha llevado a cabo sobre la Tierra. Con ello conseguimos abrirnos a una perspectiva que nos puede dar algunas claves de comprensión del fenómeno biotecnológico que no se reduzcan a lo que es usual comprender. Recordemos cómo el hecho de que el hombre se fabrique a sí mismo es habitualmente considerado, según el caso, una posibilidad deseable o despreciable, también algo imposible, por suerte o por desgracia, e incluso un hecho que ocurre, loable o rechazable dependiendo de qué opinemos. Normalmente se reflexiona sobre ello, como hemos visto, desde las perspectivas ideológica y tecnológica. En cambio, al plantear ese poder de autofabricación como una manifestación diferente del poder sobre la vida estamos haciendo otra cosa.

Ahora observamos la biotecnología como una forma de vida humana. Al quedar establecido que el hombre no vive como quien se limita a cumplir lo que le viene dado, sino que su objetivo de vida es la vida misma, la biotecnología es ante todo un modo de proporcionarse a sí mismo, por parte del hombre, una vida genuinamente humana; es un modo de hacerla, de construirla. Y en esta construcción intervienen ciertamente técnicas, pero también saberes. La biotecnología es una técnica que incide sobre la vida y a su vez es un saber sobre la vida. En esta doble condición se despliega como una forma de racionalidad, de modificación, para hacerlo adecuado a lo humano, de lo que viene al encuentro y también de comprensión de lo que acontece, de lo que se vive. Como poder sobre la vida, la biotecnología es una fuerza de empuje que, en tanto que vence, hace ganar inteligibilidad para las cosas y hace retroceder lo ignoto, lo inconveniente, lo inapropiado. También, no hay que olvidarlo, la biotecnología es igualmente una forma de constitución de una sociedad, de una vida humana en común, de una racionalidad compartida.

No es que haya que saber mucho para desarrollar la biotecnología, sino que el desarrollo de la biotecnología indica lo que se entiende, lo que se sabe, lo que se comprende. Como poder sobre la vida, la biotecnología no puede identificarse con un punto autónomo de fuerza que empuja en territorio hostil para conquistarlo. Más bien, de lo que se trata es de ver que, en tanto que fuerza, la biotecnología es el término de una relación, de una relación que se establece entre lo que se hace para modificar y lo que se entiende que debe ser modificado, y para lo cual se hace lo que se hace. ¿Por qué tocar tal cosa o tal otra de la vida? No es una pregunta que tenga una respuesta en el acto mismo de modificación, de alteración, de trasgresión. En vano buscaremos una vida virgen, aún no humanizada, no racionalizada, que la esencia humana se vea obligada a cambiar, a contravenir, a construir a su gusto. No es, pues, que se pueda contestar que hay que tocar de la vida aquello que no ha sido modelado por el propio hombre y que, por lo tanto, permanecería en bruto. Como decíamos más arriba, al hombre le es consustancial vivir su vida transgrediendo, pero no porque haya en algún momento o lugar una vida sin trasgresión y que a la vez sea propiamente humana. No sólo la actuación, sino también aquello sobre lo que se actúa es de fabricación humana. Por eso el poder, como perteneciente a la esencia del hombre, es básicamente relación, puesto que no se trata de un único foco de movimiento o de impulso modificador, sino que constituye igualmente la cosa o el acontecimiento sobre el cual se ejercita ese impulso. En este sentido se puede afirmar con todas las letras que el hombre mismo es propiamente un producto, un resultado de ese poder sobre la vida que le es consustancial.

Luego, qué sea lo que haya que tocar de la vida no es algo que en algún momento venga dado, en el sentido de venir dado originariamente. Si finalmente aparece como algo con lo que inevitablemente hay que contar es porque la forma del poder sobre la vida que efectivamente se ejerce lo ha constituido de esa manera. Ahora bien, aquí nos encontramos con diferencias importantes según sea la forma de poder que se ejerza. Si echamos un vistazo al pasado parece que lo más frecuente es encontrarnos con objetos y acontecimientos, con sectores enteros de la vida, con aspectos de las más variadas índoles, que no pueden ser tocados, que no se pueden manipular, que se tienen por inmutables. En cambio, quizá progresivamente, en todo caso en la época contemporánea, se impone la idea de una realidad por completo maleable, disponible en su totalidad para los manejos del hombre. En la era de la biotecnología no hay fronteras que no se puedan transgredir, no hay territorios inexpugnables, no hay cosas que no se puedan hacer. Desde luego no es que todo se haga, sino que se estima que nada es, en última instancia, imposible; aunque para precisar hay que decir que nada es imposible en sus objetivos, pues sigue siendo imposible —y perdón por la obviedad— lo que no se puede hacer, que sigue siendo mucho.

Para perfilar mejor el poder sobre la vida y caracterizar de manera más rigurosa la biotecnología, que es el poder actual por excelencia, conviene indagar las estrategias, las maneras de hacer algo para conseguir el objetivo propuesto por una forma de poder. En términos generales se puede decir que en cualquier ejercicio del poder el objetivo propuesto es prácticamente siempre la racionalidad, en el sentido de hacer que funcione lo que tenía que funcionar y comprenderse lo que tenía que ser comprendido. Una disfunción o inconveniente y una falta de sentido se pueden poner, al menos imaginativamente, en la base de un ejercicio de poder. No puedo separar la carne del hueso para comer sin lastimarme los dientes; no entiendo qué sucede pero algo no va bien. La fabricación del hacha de mano viene a solventar estos inconvenientes. Se trata, es cierto, de una reconstrucción completamente imaginaria, pero es válida. La vida que en cierto momento se presentaba incómoda, inadecuada, absurda incluso, ha sido reconducida y ahora cuadra con lo que entendemos. Ha adquirido racionalidad. Parece, al menos por ahora, que las cosas son como tienen que ser y los acontecimientos van como tienen que ir. La razón, aunque sea en parte, se ha impuesto.

¿Que a pesar de todo seguimos insatisfechos? Depende. Los largos periodos de mantenimiento de una misma industria, sin innovaciones, sin modificaciones, nos llevan a pensar que, o bien no había insatisfacción, o bien ésta no estaba ligada con un poder que pudiera ejercerse. Son cientos de miles de años fabricando bifaces y nada más; siempre iguales, siempre perfectos. En cambio, observamos que a partir de cierto momento se suceden cada vez con más rapidez las novedades. Esta aceleración no demuestra nada, pero quizá nos da idea de que cuantas más cosas se hacen, más se echan en falta. Algo que, por otra parte, está de acuerdo con un poder que no sólo se dedica a hacer, sino que también configura el objeto sobre el cual lleva a cabo su acción.

Sea como sea, podemos apreciar que en la época contemporánea aparece una forma de poder que, más que ejercerse sobre las cosas y sobre los vivientes, para hacer con ellas y con ellos a su antojo, se ejerce sobre la vida misma en un sentido peculiar. Lo que inquieta, lo que incomoda, no es ya esto o aquello. Más bien habría que decir que lo que incomoda es la totalidad. El hombre contemporáneo, con su biotecnología como poder más destacado, lanza sobre la vida una enmienda a la totalidad. Ya nada queda fuera de lo que debe ser producido. Todo ha de ser fabricado, pues la racionalidad biotecnológica así lo exige. Frente a esta forma de racionalidad, frente a esta forma de poder, cualquier otra aparece como deficitaria, incluso como poco poderosa. Lo que el bifaz supone y lo que el bifaz permite no es nada que se deba o se pueda trasladar a la totalidad de la vida que se tiene como objeto. En este caso el poder se ve como parcial, aunque reflexivamente se presente como lo máximo. Pero el proyecto de fabricarse a sí mismo no sólo supone, sino que exige que todo se pueda hacer, que todo se pueda llegar a tocar.

¿En qué consiste, pues, el poder sobre la vida? Al fin y al cabo, es ésta la pregunta conductora que nos ha traído hasta aquí. ¿Tenemos ya alguna respuesta? La tenemos. Pero hay que andar con cuidado a la hora de articularla, pues podríamos caer en la trampa de dar satisfacción fácil a las falsas expectativas con que a menudo se plantea la cuestión. ¿Esperamos que la respuesta sea una definición en toda regla? ¿Queremos que la respuesta tenga la forma de algo que se pueda señalar con el dedo y evitar así la dependencia de un siempre laborioso proceso de argumentación? El poder sobre la vida es esto, o quizás aquello, o más bien esto matizado con aquello. Ciertamente es lo que es, pero más interesante resulta ver en qué consiste, y consiste en un rasgo esencial del ser humano según lo ve un saber que es propio del modo de vida biotecnológico. Efectivamente, el único sentido que tiene aquí el poder sobre la vida es el de consistir en aquello que el saber antropológico descubre como perteneciente a la esencia del hombre. El género humano definido a partir del hecho de disponer de un complejo lingüístico-técnico, capaz de decir y hacer aquello en que su propia vida consiste, es la causa que permite explicar cómo el hombre que llega a ser biotecnólogo es un hombre superior, con una cultura más perfecta, con un poder más capaz.

Como Cortés sabiendo más y pudiendo hacer más que Moctezuma, la biotecnología sabe y puede más que la industria lítica. Pero ese más y ese menos, tanto en un caso como en otro, no se deben al resultado de medir una intensidad con un patrón externo fijo, como el metro de platino iridiado conservado en París. Además, la ausencia de patrón externo fijo vale tanto para uno convencional (como de hecho es el metro) como para uno natural. No hay un mundo natural independiente de la actividad humana sobre el fondo del cual se pudiera medir el grado de impacto de una cultura, de una técnica, de un saber. La superioridad de Cortés y de la biotecnología vienen dadas por una característica de la racionalidad que les es propia, una característica que comparten a pesar de no poseer la misma técnica ni en definitiva el mismo poder. Lo que ocurre es que ambos son capaces de entender al otro que tienen por inferior, Moctezuma y la industria lítica, respectivamente, mientras que lo inverso no ocurre ni puede ocurrir. Esta disimetría de comprensión no es circunstancial ni obedece a un enfrentamiento entre perspectivas meramente distintas. No son dos puntos de vista que se distingan por el simple hecho de que uno disponga por casualidad de una teoría acerca del otro y a la inversa no. Tampoco son dos territorios de desigual extensión, donde uno, el pequeño, pueda considerarse una parte del mayor. Más bien lo que se da es un modo de vida capaz de integrar a otro, de verlo y de actuar sobre él como se ve y se actúa sobre un elemento de la propia historia, de descubrir en lo otro algo que difiere de uno mismo pero que a la vez se presenta como participando de lo común.

Quizá la imagen de la comprensión genérica que un adulto tiene de un niño (sin que existan entre ellos relaciones personales) nos sirva para ilustrar lo que estamos hablando. Y es una imagen que puede servir de una doble manera. Primero, porque nos permite representarnos una relación en la cual uno de los términos, el adulto, es capaz de integrar al otro, al niño, como objeto de un saber que lo comprende y de una acción que lo trata, que lo cuida. El adulto dispone de un saber y una práctica pediátricos, pedagógicos, psicológicos, etc. El niño no dispondrá de lo mismo con respecto al adulto, aunque esto no significa que no pueda relacionarse con él y que en cierto modo lo entienda. De hecho es necesario que se dé esta relación y este entendimiento para que el niño sea niño, y la vida del niño probablemente consistirá en una reivindicación con respecto al adulto. Pero está claro que un niño que pudiera disponer de un saber y una práctica médicos, psicológicos, etc., relativos al adulto ya no podría ser considerado un niño, por mucho que la edad cronológica lo marcara así.

En segundo lugar, la imagen de la relación entre adulto y niño también nos permite lograr que la comprensión que se da en la relación de poder que mantienen dos formas de racionalidad diferentes no sea confundida con la consecución de una sintonía entre ambas. La comprensión no impide la inconmensurabilidad, más bien la necesita, pues se deriva de la falta de patrón. Si se trata de entender la comprensión como sintonía, podemos aventurar que Cortés no comprendió en modo alguno a Moctezuma. Y lo mismo le ha de pasar al conocimiento antropológico en posesión de la cultura biotecnológica: que no comprenderá nunca al hombre del Paleolítico. Pero hay que insistir en que si dejamos de lado la imposible sintonía, la cultura más elevada incluye y da con las claves que hacen inteligible la cultura inferior.

Por consiguiente, la biotecnología es una forma de racionalidad, es un modo de poder sobre la vida. Y su peculiaridad consiste en ser la máxima expresión de una cultura capaz de albergar en su seno la más variada diversidad, hasta el punto de poderse sospechar que nada queda fuera de su dominio. Complementando la visión que toma sus logros como objetos de debate ideológico o técnico, la aproximación a la biotecnología a través de su consideración como poder nos muestra su entronque en una vida humana que ha llegado a ser capaz de encontrar modelable a su gusto la totalidad de lo que existe, incluido el hombre mismo. Si desde la misma perspectiva histórico-antropológica de que disfrutamos nos es dado observar las otras culturas que en el mundo han sido, parece claro que observamos en ellas la consideración de algunos sectores, aspectos o cosas de la realidad, como inmutables. Pero ahora los inmutables han muerto. Nunca antes había tenido el hombre a su disposición tanta materia para poder hacer a su antojo. No hay duda, a estas alturas del discurso, de que esta materia de que dispone ha sido también producida por el poder que la toma en consideración. El hombre como material de construcción y el hombre como resultado son elementos de una misma racionalidad. Sin embargo, no puede descartarse una inadecuación entre un término y otro.

Formas biopolíticas del poder

En efecto, que el hombre tal como está se preste a ser manipulado como se quiere es algo que no viene dado, sino que se tiene que hacer, y lo que se tiene que hacer puede no hacerse nunca. No es un hecho que la vida humana se ofrezca a su completo diseño racional desde cero. El proyecto biotecnológico, pues, requiere esfuerzo, ya que son evidentes las resistencias. Lejos de la idea de un proceder homogéneo por parte del poder sobre la vida que ahora impera, lo visible al análisis es una pluralidad de procedimientos. La presencia misma de la resistencia multiplica las estrategias del poder. La cultura biotecnológica no es una excepción. Sin embargo, también es cierto que hay unas formas de racionalidad que son más propias de la época contemporánea, y no porque en la época contemporánea no se den otras formas, sino porque algunas de las que se dan no se daban antes o se manifestaban con menor virulencia.

¿Contamos con alguna guía que nos ayude a rastrear entre el barullo de formas presentes aquellas más propias, más peculiares del poder biotecnológico? Ciertos estudios que ya se han hecho sobre el poder nos dan alguna pista. En efecto, al analizar la historia reciente podemos observar que el poder sobre la vida adquiere a lo largo del siglo XIX una perspectiva inusual. La proliferación de ejercicios de poder que reclaman expresamente una gestión o gobierno de la vida es algo nuevo. Si hasta entonces el poder ofrecía el clásico aspecto de una formidable capacidad de dictar, de disponer, de mandar cómo debían seguir su curso las cosas todas, a partir de ese momento el poder toma la forma moderna de una producción de vida, de vida que luego habrá de seguir su curso a menudo libremente. La diferencia no es poca. En lugar de una fuerza que se contrapone a todo lo que se da y que se interpone entre todo lo que se le presenta, la nueva forma de poder crea las cosas mismas y los acontecimientos con que de una manera u otra habrá que contar.

La diferencia de la nueva forma de poder con respecto a la antigua fue señalada por el filósofo Michel Foucault. Fue él también quien mejor supo describir los pormenores de las distintas estrategias implicadas en cada caso: por un lado, la prohibición, la represión; por otro, la concesión, la promoción, la incitación. A la forma clásica, Foucault la denominó poder soberano; a la contemporánea, biopoder. La pregunta es ésta: ¿de qué modo ayudamos a comprender la actual biotecnología, aquello en que consiste, considerándola como biopolítica? La ayuda dependerá de encontrar o no la estrategia del biopoder adecuada a los intereses de la biotecnología. En este sentido, haremos un par de observaciones.

En primer lugar, un poder cuyo ejercicio es un mero dispendio de fuerza, un impulso dedicado a doblegar toda oposición exterior, sólo puede concebirse como capaz de modificar la totalidad de la vida humana imaginando un acto de fuerza extrema, un acto en que todo quedase sometido, algo así como una gran explosión. Está claro que la única manera de modificar la totalidad de la vida humana en estos términos es suprimiéndola completamente. Si vamos a bofetadas intentando enderezar las cosas, modificándolas para que vayan según nuestro gusto indica, y si lo que hay que modificar es la totalidad, si hay que enderezarlo todo, la única opción es una inmensa bofetada, una bofetada definitiva que se lo lleve todo por delante, como una grandísima bomba atómica de efecto exterminador. Para Foucault, la bomba atómica es un acto de poder soberano.

En segundo lugar, un poder que se encarga de promover lo que le es beneficioso, que sujeta, no mediante su imposición en la selección de los resultados, sino controlando la producción de los mismos, es un poder que puede modificar la vida sustituyéndola. Más que matar para quitar de en medio se trata ahora de hacer nacer lo que conviene. Un poder así se puede proponer modificar la totalidad de la vida sin tener que exterminarla, únicamente debe producirla de manera completa. Para Foucault, la producción de vida es un acto de biopoder.

Parece claro, pues, que el biopoder lleva a cabo una estrategia favorable a los intereses biotecnológicos. Sin embargo, Foucault encontró en sus análisis que el biopoder no siempre se despliega de la misma forma, y que en particular se ha presentado y se presenta, por un lado, como ejercicios de anatomopolítica (lo que en algunos momentos denominó poder disciplinar o simplemente disciplina) y, por otro, como ejercicios de biopolítica. La disciplina toma el cuerpo humano como lugar de marca del poder, produciendo con ello el individuo conforme a las normas. La escuela, el hospital, el ejército, la prisión, son instituciones disciplinares en las que el poder consigue hombres dóciles. La biopolítica, en cambio, aparece como estrategia propia de la necesidad de gobernar una población. Un conjunto de seres vivos, los hombres viviendo en común, es objeto de una gestión gubernamental atendiendo a parámetros que racionalizan los problemas a que se enfrenta esa práctica: salud, higiene, natalidad, longevidad, razas, etc. No olvidemos entonces que la población es básicamente vida, vida en y de un conjunto de individuos. Cabe decir, pues, que el gobierno esencialmente gobierna vida, la vida humana de una masa biológica que se presta a ser trabajada por el poder.

El aumento y la multiplicación de la vida es lo que el biopoder puede hacer. La vida es su campo de ejercicio y a la vez su objeto de producción. Podríamos decir que el poder soberano, puesto al descubierto por Foucault, es apropiado allí donde las cosas van solas, y la intervención posible consiste en retener, desviar, capturar, extraer, aplacar, en definitiva, sustraer. En este caso no hay gobierno, hay dispendio de fuerza. Pero cuando se precisa facilitar, promover, invitar, multiplicar, encrespar, sólo el biopoder se muestra apropiado. Es entonces cuando aparece la gestión gubernamental como la manera de racionalizar las nuevas relaciones de poder que surgen. Y en este caso es fácil ver que en lugar de limitarse a la gestión de la población mediante, por ejemplo, un saber económico o técnicas de seguridad, el biopoder, especialmente en su forma biopolítica, ha de estar presente en general en todas las técnicas y procedimientos destinados a dirigir la conducta de los hombres, a moldear la vida humana conforme a una razón que no se debe más que a su dueño: el hombre mismo.

Una racionalidad autónoma, que en sus formas biopolíticas idea la vida en su totalidad y usa técnicas que la generan, se despliega a lo largo y ancho del mundo en que habitamos. La biotecnología, como forma paroxística del poder sobre la vida en que el hombre contemporáneo reconoce su propia esencia, consiste en una manifestación de esas formas biopolíticas de la racionalidad. Como guía para descubrir las estrategias de actuación biotecnológica, haríamos bien en usar las descripciones foucaultianas de esas formas. Quizá sea la única manera de no perdernos y ganar con ello una visión complementaria a las usuales de esa inquietante capacidad humana de fabricarse a sí mismo, capacidad que de manera creciente avanza ya sin disimulo.

LAS DOS CARAS DE LA BIOPOLÍTICA

Javier Ugarte Pérez

Población

Las sociedades que formamos, la política que nos gobierna, se preocupan por la población, no tanto como en siglos anteriores por el territorio ni de los recursos naturales. Esto convierte nuestras comunidades en algo nuevo en la historia, y por ello merecedoras de un análisis que aún está en sus inicios. Este nuevo objetivo de la política, desde la segunda mitad del siglo XX, plantea la necesidad de desarrollar nuevas técnicas y saberes. La afirmación que acabo de hacer quizás sorprenda, pero puede ser argumentada; por el momento, baste con un ejemplo: las campañas militares contra países asiáticos que han inaugurado el siglo XXI (Afganistán, Iraq) no tienen el objetivo de colonizarlos, como aún hicieron franceses y británicos, a finales del siglo XIX y principios del XX, con las rebatiñas de África y Asia, o como hicieron españoles y portugueses, siglos antes, en América del Sur. La última guerra de este tipo, es decir, de anexión mediante el uso de la fuerza para ampliar el territorio nacional y hacerse dueño de nuevos recursos, levantó una coalición internacional contra el país que la llevó a cabo: fue la invasión de Kuwait por el Iraq gobernado por Sadam Hussein. Estas campañas pertenecen al pasado en el sentido de que están fuera de la lógica de nuestro tiempo; ya no vivimos en la época de las anexiones ni de las colonias. En la actualidad, cada gobierno mantiene lazos con otros gobiernos aliados, o los sostiene directamente, si sirven a sus objetivos. El resultado es que las fronteras tienen una solidez, frente a las incursiones extranjeras, que desconocieron los siglos precedentes. Y lo que se encuentra en su interior o bajo su suelo, es decir, los recursos naturales, también. Un hecho es consecuencia del otro. Esto no quiere decir que los Estados no puedan fragmentarse, pero lo harán desde dentro, por presiones de una parte de su población descontenta con los beneficios del gobierno común. El ejemplo pacífico lo pone la antigua Checoslovaquia; el violento, Yugoslavia.

¿Qué camino siguen entonces las inversiones internacionales y qué persiguen las políticas de los Estados poderosos? Es fácil responder a estas preguntas: se esfuerzan por conseguir ventajas de una población empleada como mano de obra por las industrias multinacionales, y como mercado que demanda sus productos en todo el planeta. Es sabido que la mayor parte de los bienes económicos entran dentro de la categoría de «bienes de consumo»; es decir, se trata de artículos producidos para particulares que los comprarán para aumentar su comodidad y satisfacer sus deseos. No son diseñados para ser vendidos al Estado, ni siquiera a las empresas. Los gobiernos también buscan ventajas de su población, y de los ciudadanos de otros Estados que tienen alta cualificación profesional, animándoles a que se establezcan dentro de las propias fronteras, puesto que si emigran llevan consigo un capital económico y humano que enriquecerá el lugar donde se asienten. Viene al caso recordar lo que sentenció Adam Smith de una vez y para el futuro: la riqueza de las naciones es su trabajo,[1] y no otro tipo de bienes como la extensión de sus tierras o la cantidad de metales preciosos acumulados en el Tesoro, que son efectos de la riqueza producida, más que su causa. Cuanto más segmentado esté el mercado y especializado resulte el trabajo, más productivo será el sistema y mayor la cantidad de bienes que genere. De ahí la potenciación de la cualificación laboral en todas las áreas, la investigación industrial y la aplicación de la tecnología al sistema de producción, etc. No se trata del número de personas que viven dentro de un Estado, sino de lo que son capaces de producir; no tanto de sus cantidades, problema que ya preocupó a los antiguos en cuanto escasez o exceso de población, cuanto de sus «cualidades» o capacidades profesionales. Es decir, de lo que pueden realizar con dinamismo. Si en las primeras décadas de la Revolución Industrial importaba el conjunto de brazos disponibles, que es el trasfondo de la obra de los primeros

1. Adam Smith (1999, 27).

teóricos del capitalismo, como Smith o David Ricardo, a medida que la industrialización avanzaba el acento se desplazó hacia la cualificación de esa población, dando lugar a toda la floreciente rama de los Recursos Humanos, cuyo representante en la actualidad es el Premio Nobel de Economía, Gary S. Becker.

Que se trata de la población y no de otro tipo de recursos lo saben también quienes intentan atacar y dañar a estas sociedades. Esto se puede analizar a un doble nivel: según el papel desempeñado por el Estado y según los actos de grupos de individuos. En el primer caso, tenemos las limpiezas étnicas, que no han dejado de multiplicarse en todos los continentes a medida que avanzaba el siglo XX. Lo trágico del siglo XX, y del futuro que se tiene por delante, es que la ciencia y la tecnología han puesto al servicio de los gobiernos unas capacidades de control y eliminación de personas como la humanidad no tuvo anteriormente a su alcance. Por ejemplo, ya no es imprescindible que unos vecinos delaten el comportamiento de otros a las autoridades, porque con las bases de datos que maneja la informática es fácil saber en cada momento quién es qué cosa o hace tal otra. Por otro lado, las cámaras de gas han demostrado la capacidad de asesinar a miles de personas en un solo día, como sucedió en Auschwitz durante el verano de 1943, y las bombas nucleares muestran lo mismo, en este caso sin disimulo al tratarse de la manifestación de un poder que muestra con orgullo sus capacidades de destrucción y, de esta forma, logra victorias sin necesidad de declarar la guerra.

El último ejemplo de genocidio en Europa, por el momento, fue la tragedia de Bosnia, zona que no fue ocupada por un ejército extranjero, cuanto desocupada de bosnios musulmanes. La alternativa consistió en crear un desierto demográfico o una zona étnicamente homogénea; se expulsó o asesinó a los musulmanes con el objetivo de conseguir una población eslava y fiel a la cultura ortodoxa. A nivel paraestatal se encuentra el terrorismo, que no atenta ya contra bienes materiales, produciendo sabotajes o destruyendo infraestructuras, ni tampoco contra los mandos militares o políticos. Ambas cosas, seleccionar objetivos físicos o individuos de alto rango, hicieron los miembros de la resistencia de los países ocupados contra la ocupación alemana durante la Segunda Guerra Mundial. Los terroristas actuales secuestran aviones donde viajan civiles que llevan una vida ordinaria y los estrellan contra edificios que tienen miles de personas en su interior, o siembran de bombas trenes donde viajan quienes llevan una vida tan ordinaria y anónima como la de los propios terroristas antes de su apuesta por la violencia. No buscan causar daños materiales, sino humanos. Sea cual sea la pregunta, se comprueba que la respuesta es «la población» o, si prefiere, la vida humana tomada en conjunto.

Michel Foucault fue el primero en señalar, en el curso que impartió en 1977-78 en el Collège de France, y especialmente en la 4.ª lección del mismo, que llevaba por título «La gubernamentalidad», que la población fue el concepto clave de esta nueva forma de gobierno, surgida en el siglo XVI y afianzada en el XVIII.[2] De hecho, fue la base que permitió el paso de un modelo a otro, y por tanto dio nacimiento a la política contemporánea. Anteriormente, el gobierno tenía como objeto a las familias porque el pueblo, con el rey a la cabeza, se entendía como una más y el tesoro real como los recursos familiares del monarca. La Economía Política, que en su nombre junta los objetivos de gobernar la casa (Economía) y la polis (Política), estudia la forma como se relacionan el capital y el trabajo para conseguir que aumenten ambos de forma continuada. Se trata de un saber que surge bajo el nuevo modelo de gobierno, como la forma de aumentar la riqueza de una población y no tanto de las familias que viven dentro de ella, porque cada elemento tiene sus necesidades específicas y no todas pueden entenderse como derivadas del grupo familiar. La estadística nace en este contexto para mostrar que las poblaciones también tienen sus características, irreductibles a las de la familia; por ejemplo, epidemias, mortalidad endémica, nupcialidad, migraciones, etc. La población se constituye a partir de ese momento en el objetivo del gobierno, quien debe aumentar su riqueza, esperanza de vida, salud, etc. Tanto es así que, hasta cierto punto, se podría hablar de una Economía Biopolítica.[3]

Concluyo este apartado con una cita del filósofo francés que expresa muy bien el contexto en el que la política se mueve en la actualidad: «la población aparecerá como sujeto de necesidades, de aspiraciones, pero también como objeto de la intervención del gobierno; *consciente frente al gobierno de lo que quiere e inconsciente de quien le hace quererlo*».[4]

---

2. Michel Foucault (1991*a*, 21-22).
3. Maurizio Lazzarato (2000, 3).
4. Michel Foucault (1991*a*, 23). Cursiva propia.

Política

La política del Antiguo Régimen convertía a la muerte en la piedra de toque del poder porque la ejecución constituía el acto supremo de afirmación del soberano. Por el lado religioso se encontraban las prácticas de la Inquisición, institución que para salvar al alma condenaba al cuerpo al martirio. El poder, en cualquiera de sus formas, no creaba vida porque no tenía en sus manos esa capacidad; se limitaba a dejar vivir a los súbditos y animaba a las parejas, con el auxilio de la religión, a que tuvieran hijos, a veces con exenciones fiscales. Esta última medida fue inaugurada por Augusto en el cenit del Imperio Romano, siglos antes. De ahí el lema que Foucault utiliza para describir el comportamiento de este sistema de gobierno sobre la población; se trata del derecho de: «*hacer* morir o de *dejar* vivir».[5] La política que surge en el s. XVIII cambia el sentido de las cosas porque «hace vivir, deja morir», y en ella se instala la democracia actual.

Esta nueva forma de gobierno hace vivir porque maneja instrumentos técnicos que ayudan a la vida a surgir y desarrollarse en unas condiciones que anteriormente serían imposibles. Frutos suyos son tanto la higiene pública, que se desarrolló en el siglo XIX, como las técnicas actuales de fecundación *in vitro*; de no existir estas posibilidades no tendría sentido hablar de biopoder, que es el instrumento tecnológico de la biopolítica.[6] Por lo tanto, la diferencia entre absolutismo y democracia consiste en que el primero hacía morir, la segunda deja morir. El absolutismo instauraba el cadalso en mitad de la plaza pública y animaba a la población a asistir al espectáculo, como entretenimiento y respaldo, al mismo tiempo, al poder que así se manifestaba. Las

---

5. Michel Foucault (1989, 164). Cursiva del original.

6. Michel Foucault (1989, 168-173). En esta obra, el concepto de biopoder no está claramente delimitado respecto al de biopolítica. Por un lado, la biopolítica sería el conjunto de intervenciones y controles sobre la especie humana que permiten aumentar la esperanza de vida o la natalidad (p. 168); por otro, lo que hace entrar la vida humana, como concepto político, en el cálculo del gobierno (pp.172-173).

En la presente reflexión, se usará el término «biopoder» para referirse al empleo de la tecnología con el fin de multiplicar o alargar la vida superando en capacidad a las técnicas premodernas. «Biopolítica», en cambio, se utilizará para mostrar que la vida humana ha entrado como concepto teórico dentro una política que utiliza el biopoder como un instrumento central en la persecución de sus objetivos.

sociedades modernas, por el contrario, se desentienden de la suerte de quienes no se ajustan a los parámetros de higiene social, que es una de las expresiones que en ellas adquiere la biopolítica sin llegar al asesinato. No se trata de organizar un espectáculo sangriento, sino de dejar que los problemas se agraven hasta terminar con la vida de los afectados. Como dice Foucault, en lugar de asesinar rechazan hacia la muerte.[7]

Pero es preciso dar un paso más. ¿Cómo interpretar el totalitarismo en este contexto? Sin duda, como la conjugación más mortífera del verbo «hacer» en los casos anteriores; se trataría de «hacer vivir y hacer morir». Los regímenes totalitarios, especialmente el nazi, aúnan las posibilidades que proporcionan las técnicas modernas para producir un tipo de vida en lugar de otros y animar a su reproducción con los medios antiguos de poder basados en la condena a muerte y que en el presente alcanzan la magnitud de genocidio. Por eso, su efectividad política es enorme y producen admiración y terror a partes iguales. Así se puede explicar ese resto de inhumanidad que el nazismo produjo en los campos y que resulta tan difícil de comprender, tan singular si se lo compara con los desastres provocados por otros sistemas políticos o por los desastres bélicos. Es decir, su necesidad de crear una nueva especie de seres, ya no del todo humanos, que serían los musulmanes, y que justificaban la lógica de su política. El calificativo «musulmán»[8] se usaba para referirse a los internos que habían caído en el estado mínimo de supervivencia. Andaban encorvados, un poco como los seguidores de esta religión en el momento de la oración, padecían desnutrición aguda y sus actos eran mecánicos e inconscientes. Al ser incapaces de trabajar y de luchar por la subsistencia, engrosaron las listas de víctimas preferidas para terminar en las cámaras de gas y hornos crematorios. El racismo que aplicaba el régimen hitleriano se basaba en una pretendida ley científica de lucha por la vida entre las razas, entonces en boga, y que constituye la base del darvinismo social, como se verá más adelante.

Pues bien, los campos mostraban que sus ideas antropológicas se ajustaban a la realidad, porque los internos, aislados del

---

7. Michel Foucault (1989, 167).

8. Para aclarar el uso del término, véase Primo Levi (2002) y Giorgio Agamben (2000).

resto de la sociedad y despojados de un tratamiento digno, eran menos que humanos, y la vida social se basaba en unos principios que no les convenían como a la raza superior. Los sujetos que se encontraban allí, miembros de razas condenadas por su sangre (judíos, gitanos, eslavos) o por su constitución congénita (homosexuales, enfermos mentales...), no tenían derecho a la vida, así que debían convertirse en musulmanes. El totalitarismo fabricaba en los campos la realidad que necesitaba para fundamentar unas teorías que se ubican en el extremo de la biopolítica, y las teorías justificaban las medidas extraordinarias que se tomaban. Esa seguridad era lo que permitía que las autoridades nazis fuesen tan sinceras en sus declaraciones, algo que se ha destacado poco.[9] No mentían, no eran incoherentes; decían exactamente lo que iban a hacer y los motivos que aducían. Tenían la seguridad y la buena conciencia de que la ciencia, con la inestimable ayuda de su política, amparaba sus palabras. Cuanto más lejos llevaban estas medidas, más seguros se sentían de sus hipótesis antropológicas, lo que servía para acelerar el exterminio. El nazismo llevó a sus límites la animalización del ser humano que la biopolítica decimonónica fue la primera en poner en práctica a través del uso masivo de las disciplinas y al concebir la vida como una lucha en la que sobreviven los más fuertes.

La capacidad que han mostrado en el siglo XX las democracias para convertirse en totalitarismos, y éstos, perdidas las guerras, calientes o frías, para encarnarse en democracias, viene del hecho común de que ambos sistemas de organización política consideran que su principal tarea es gobernar seres humanos, administrar una vida de la que esperan obtener sus mayores potencialidades. Esto supone estimularla en unos casos, pero obstaculizarla en otros. También es consecuencia de que emplean el auxilio de la ciencia y la técnica para conseguirlo, aunque las democracias utilicen las técnicas de forma distinta a como lo hacen los totalitarismos, afines al genocidio.[10] Como afirma Agamben, es necesario enfrentar la política con sus fundamentos biopolíticos como vía para sacar a la política de su eclipse.[11]

---

9. Javier Ugarte Pérez (2003, 20).

10. Dicho esto, hay que añadir que en esta reflexión no se propone tanto juzgar sistemas políticos, sino analizar sus principios y prácticas, mostrar parte de su común sustrato y de las diferencias que los separan.

11. Giorgio Agamben (2003, 13).

Desde esta perspectiva, las preguntas que hay que formular son las siguientes: ¿de dónde viene esa necesidad?, ¿qué motivos han impulsado esa selección no natural de las personas?, ¿por qué la vida de unos exige la muerte de otros? Parece que se llega a una situación donde los problemas son difíciles de resolver.

Por eso, creo que la dificultad para responder a estas cuestiones es debida al solapamiento de tres ideas. La primera de ellas es la del Estado nación desarrollada por el pensamiento romántico. La afirmación de que toda nación o todo pueblo, deben tener un Estado que los represente y defienda, surge en Europa del deseo que tenían los alemanes, en los siglos XVIII y XIX, de lograr una unificación que les permitiera terminar con las injerencias externas, que tanto daño les hacían. De hecho, fue la idea clave de las unificaciones alemana, italiana y, en el siglo XX, lo que impulsó la creación de nuevos Estados en África y Asia. Sirvió para luchar contra el colonialismo, aunque se tratase de un principio defendido por los mismos colonizadores y que las élites de los naciones colonizadas aprendieron en universidades europeas. Se ve, por lo tanto, que se trata de una idea potente porque inspira (y conecta con) los deseos de muchos pueblos. Afirma que allí donde existe una comunidad que se considera nación porque comparte unos rasgos generales como la lengua, la religión o las tradiciones, y no es defendida expresamente por un Estado, su supervivencia está amenazada. Los peligros son de varios tipos: difuminarse ante la pujanza de naciones numerosas, ser oprimidos y explotados por ellos, etc. Los diques para impedir que la comunidad desaparezca pueden venir tanto del interior como del exterior; es decir, puede existir segregación que impida los matrimonios mixtos, tanto desde el grupo mayoritario, para no «contaminarse», como del minoritario, para no «desaparecer». Los casos de judíos y gitanos pueden citarse como ejemplos de este doble conjunto de trabas.

La segunda idea consiste en la obsesión por la eficacia, es decir, la necesidad que tiene todo poder que busca apoyo social y legitimidad detrás del apoyo de mostrar su eficiencia para seguir gobernando, de validarse por este criterio. Por tanto, es un principio compartido por gobernantes y gobernados, y por ello no discutido. Hasta tal punto sucede esto, que la política se presenta en muchos casos como tecnocracia, es decir, como gestión de los recursos públicos por parte de los técnicos, porque su gesción en diversos campos se entiende como el arma adecuada para solucionar los problemas, sean éstos laborales (paro), económicos (estancamiento, crisis), sanitarios (nuevos sistemas de exploración o diagnóstico), ecológicos (recuperación de hábitats dañados), etc. El capitalismo industrial dio contenido a este principio al mostrar que el desarrollo económico dependía de un conjunto de factores, como la ampliación de mercados, la formación de mano de obra, la inversión privada, etc., que el Estado era el encargado de potenciar. Un gobierno eficaz es, en primer lugar, el que tiene éxito en el logro de esos objetivos. Con ello, el mundo de los dos últimos siglos desposeyó de contenido a la política tradicional, como señaló Hannah Arendt, al iniciarse el declive del espacio público como lugar de discusión entre ciudadanos y sustituirlo por un debate entre expertos que resulta opaco para el resto de la sociedad.[12]

La tercera idea es la preocupación por la higiene social, expresión oximorónica, puesto que la higiene es algo propio de los individuos. De la contradicción entre los significados de los dos términos, «higiene» y «social», vienen parte de sus consecuencias nefastas. Frente al racismo practicado por los totalitarismos, y que fue consecuencia de poner el énfasis en la supervivencia de la raza, otro oxímoron es su salud, y si es llevado a sus últimas consecuencias provoca su colapso como sistemas por liquidación de sus efectivos humanos, ya que casi todos los individuos la pueden poner en peligro. En semejante biopolítica se embarcó el nazismo. La democracia, por el contrario, cultiva las medidas de salud e higiene social, que suponen el aumento de la esperanza de vida y la lucha contra la enfermedad. Sin embargo, estas decisiones dejan a los indeseables a su suerte, y de esta forma ahorran los recursos que supondría intentar recuperarlos, como se mostrará al final del texto a propósito de Suecia. Así, revelan eficacia desde el punto de vista económico y social, puesto que pocas voces se levantan para condenar esta biopolítica. El gasto público se concentra en quienes pueden aprovecharlo, personas que cumplen cánones morales e higiénicos establecidos con anterioridad y que son el aval de su productividad y vienen avalados por ella.

En este contexto, una de las políticas contemporáneas que mayor respaldo ha conseguido es la neoliberal, que basa la efica-

---

12. Hannah Arendt (1998).

cia del gobierno en el traspaso al mercado de las funciones del Estado. El mercado libre, espacio donde concurren consumidores independientes, se ha convertido en paradigma económico y modelo de eficacia que se extiende a otras áreas no económicas (sanidad, educación, etc.) para regularlas a partir de sus criterios. El éxito y la eficacia son consecuencia de la mayor extensión del mercado, y por ello lo mejor, según la doctrina neoliberal, es reducir el Estado a su expresión mínima, para que los menores impuestos que ello conlleva se conviertan en dinero que puedan emplear a su antojo agentes individuales a quienes se supone no mediados por ningún interés que no sean sus propios deseos. Toda idea de justicia social o modelo de sociedad como un lugar de vida común desaparece en este esquema porque no encuentra base donde asentarse; cada uno debe apañárselas como pueda con el dinero que posea y los afectos que haya podido recolectar en su vida. Los parados, pobres, enfermos mentales, etc., son responsabilizados de su destino, y si no reaccionan favorablemente a los estímulos que se les dan, abandonados a su suerte o a la caridad de los extraños. Caridad difícil de encontrar y explicar en una época en la que ya no es garantía de salvación futura, puesto que toda salvación se espera de este mundo. Así, los valores sociales dejan paso a las inclinaciones del corazón.

Otros modelos de convivencia se pueden encontrar en el tratamiento que algunos Estados, como los de Perú o Australia, dieron a sus aborígenes o indígenas. Las medidas supusieron la esterilización de las mujeres de estos grupos, fuera mediante recompensas económicas o por la fuerza si fallaban las primeras, para limitar, a largo plazo, su número. Incluso se llegó a robar sus niños e integrarlos en otras familias, como documenta Amnistía Internacional en sus informes anuales. En ambos casos, se trata de una política que excluye a las naciones débiles o a los individuos que no respetan normas de higiene; individuos pobres, en los dos casos. Es decir, bajo esta biopolítica, el racismo, como discurso biológico de lucha por la vida, sustituye las antiguas razas como amenaza, por el peligro que suponen los desviados. El Estado, en este caso no neoliberal, protegería la integridad social y gestionaría la pureza de la raza empujando a la extinción a los grupos marginales más que procediendo a su aniquilación. Es como si en un extremo del espectro político contemporáneo se encontrara el Estado neoliberal y en el otro el totalitario. Y como si, además, la política neoliberal pudiera justificar una parte de sus bondades en el hecho de que al abstenerse de intervenir en la vida de las personas resultara imposible cometer los errores en los que han caído los modelos políticos que intentan organizar la vida social y la convivencia según principios de justicia social. Esto no deja de ser cierto, pero a costa de crear sus propias víctimas, que son quienes pierden la batalla en la lucha por el éxito. A su vez, los gobernantes totalitarios tienen en cuenta a los sujetos desfavorecidos que cumplen los cánones de pureza o moralidad, para quienes construyen viviendas sociales, les conceden ayudas, etc., por lo que consiguen la adhesión de buena parte de ellos. Es decir, se justifican porque establecen medidas que impiden que las buenas gentes del pueblo pierdan esta batalla, sea frente a sus enemigos raciales, exteriores o interiores, sea frente al gran capital. Se ve que tanto en un caso como en otro de lo que se trata es de la población, su gobierno, gestión y salud.

Vida

Se acaba de mencionar la tecnocracia como el resultado de unir preocupaciones políticas, intereses económicos y quehacer técnico. Una de las formas en las que ésta se presenta sería la «biocracia»,[13] que consiste en el control y la gestión de todos los beneficios que se obtienen de la investigación sobre la vida, desde el genoma humano hasta las medicinas y vacunas de síntesis. Es decir, se trataría de algunas de las medidas ligadas al biopoder, teniendo en cuenta la diferencia que anteriormente se ha establecido entre biopoder y biopolítica. Por su repercusión sobre la esperanza de vida y por sus implicaciones económicas, la biocracia requiere un cuerpo específico de leyes e instituciones que gestionen los recursos que pone en manos de las grandes empresas y del Estado, y los resultados que se obtienen. Por eso, algunas de las dificultades que plantea intentan ser solucionadas por la Bioética, nueva rama de conocimiento especializada en delimitar las fronteras de lo aceptable cuando la investigación se realiza sobre seres humanos para aplicar

13. Juan R. Lacadena (2000, 252).

tratamientos innovadores a sus dolencias. También pretende inspirar con sus análisis las leyes que se proponen en este ámbito. La Bioética, que es la cara amable de la biopolítica en cuanto vía intermedia entre el biopoder y la ética, en la actualidad estudia desde la política de trasplantes hasta la aplicación de células madre a enfermos incurables, buscando en todo momento el equilibrio entre la lucha contra la enfermedad y el dolor, y el mantenimiento de unos parámetros éticos que sean aceptables en ese esfuerzo.

Se puede pensar que, a diferencia de la biocracia o biopoder, la bioética se trata de una disciplina confusa porque intenta acercar técnicas y reflexiones que llevan separadas siglos, incluso milenios, puesto que desde Aristóteles no se ha desarrollado un pensamiento en profundidad sobre la vida en el campo de la Filosofía o las Humanidades. No digamos desde el campo de la Ética, que surge como una investigación sobre la búsqueda de la felicidad y la práctica de las virtudes como camino para llegar a ella. En este contexto, parece necesario citar a Agamben en un doble sentido. Por un lado, su afirmación de que la *bios*, en cuanto vida propia de un individuo o un grupo, se ha visto fundida con la *zoé* o reducida a ella,[14] es decir a la pura y (des)nuda vida que puede ser gobernada por el poder, debe ser complementada por una segunda afirmación que diría que la *zoé*, a su vez, se basa en la *tekné*, puesto que no es concebible la vida, la misma creación o supervivencia de la especie, fuera o alejada del mundo técnico, como señala Nancy.[15]

Por otro lado, una idea que recorre su obra sin llegar a formularse, y que parece más interesante en este contexto, es el hecho de que la vida sea el nuevo nombre del Ser. De ser así, se modificaría el horizonte ontológico que la tradición nos ha transmitido. Esta segunda intuición sitúa a Agamben en una línea metafísica, posición a la que no tiene acostumbrados a sus lectores, si se exceptúa algún estudio de juventud.[16] Se trata de una reflexión interesante, porque señala un camino que apenas ha sido recorrido y merece ser explorado por las implicaciones que tiene. Sin duda, más de un pensador lo seguirá en el futuro. Se

14. Giorgio Agamben (2003, 19). En general, esta afirmación se desarrolla a lo largo de toda la «Introducción».

15. Jean-Luc Nancy (2002, 140).

16. Giorgio Agamben (2002).

trata de una investigación necesaria desde el momento en que los desarrollos de la ciencia y la tecnología permiten dar los primeros pasos en la manipulación de los seres humanos, no sólo dirigiendo su desarrollo desde la fecundación, sino controlando la propia fecundación, eligiendo un embrión entre varios y aprovechando los restantes para otros usos. Conviene recordar aquí que en la tradición del cristianismo, Dios es quien puede crear la vida y terminar con ella; los humanos sólo pueden destruirla, asesinar, y en ese momento se crean un hueco en el infierno por dañar la obra divina. Por eso, la especie humana cruzará un umbral ontológico cuando tenga el poder de generar vida donde no existía, es decir, a partir de la materia inerte. Más divinos serán si la vida que crean, además, es inteligente. Como esta posibilidad ya comienza a ser una realidad, la reflexión sobre sus implicaciones resulta acuciante. Sin embargo, está por realizar.

He afirmado que desde Aristóteles la vida no entraba dentro del campo de la ontología como consecuencia de la influencia cristiana, que hizo de ella algo derivado, secundario, respecto de la voluntad y potencia del ser supremo. Nietzsche fue quien primero escuchó el ruido de fondo que comenzaba a hacer la vida sobre el destino de la cultura, ya fuese como salud o enfermedad, potencia o resentimiento. No podía ser otro filósofo, puesto que el pensador alemán fue el primero en señalar el declive de la cultura cristiana y la inocencia original de la vida, en todas sus formas, incluso en las que tradicionalmente eran culpables, en el devenir creador de la naturaleza. Es seguro que una de las causas que han llevado a la decadencia del cristianismo como refugio para las esperanzas de los sujetos sea consecuencia de la politización y el dominio técnico de un fenómeno que se consideraba natural hasta ese momento. La vida hace tiempo que ha dejado de ser concedida por Dios como un regalo; ahora es otorgada, fortalecida y administrada por una ciencia que recibe sus recursos del Estado, quien cumple la función de potenciarla, como reclamaba Nietzsche, contra la herencia cristiana de resentimiento hacia ella. En el día a día, quien desea superar un malestar físico o aliviar el grado de dependencia de un familiar hace tiempo que no reza, sino que rellena formularios para la burocracia que administra los recursos del sistema de salud. Como ruido de fondo de los actuales progresos en su conocimiento y dominio, se escuchan los pasos del *übermench* acercándose.

El interés de la obra de Agamben radica en haberse ocupado de este aspecto nuevo del Ser. Quizás para recuperar la *physis*, la naturaleza, como el origen y destino al que debe volver el ser humano que intenta (re)construir el «cosmos», es decir, el orden, en la etimología griega de la palabra. Por eso, se compartan o no sus reflexiones, *Homo Sacer* puede ser leído como un alegato a favor de esa transformación en destino de la metafísica. Quizás no se trate de un camino nuevo, aunque sí olvidado, abandonado tras más de veinte siglos de vagancia por otro que ha proporcionado pocas soluciones, pero creado nuevos problemas en la búsqueda de una convivencia justa y por lo tanto pacífica. Porque es evidente que desde su nacimiento la ontología ha primado el aspecto estático sobre el dinámico, primero por influencia platónica y luego cristiana. Como consecuencia de este planteamiento, se ha mantenido alejada de la mayor parte del trabajo y de las preocupaciones de los científicos.[17] Además, cuando la metafísica se ocupó del cambio primó el movimiento, sobre todo el desplazamiento, a través de las teorías del acto como expresión de la potencia, más que de la transformación de los seres, en este caso por influencia de la *Física* de Aristóteles. Introducir la vida, que siempre será la de los entes, dentro de la metafísica, supone no tanto enmendar un olvido cuanto realizar su transformación.

La tarea está por realizar, así que los resultados no se pueden prever. Pero no es probable que sean peores que los padecidos por los entes concretos en nombre del Bien. Quizás la irrupción de la vida dentro de este campo permita limitar algunos aspectos negativos de la biopolítica, ya que se introducen elementos que hasta ahora no formaban parte de los temas que ocupaban la reflexión filosófica. En todo caso, la vida como concepto necesario para la reflexión filosófica es uno de los factores que han llevado al surgimiento de la biopolítica.

Biopolítica

Anteriormente, he señalado que Foucault fue quien usó en primer lugar los términos de «biopolítica» y «biopoder» para

---

17. La excepción serían las investigaciones sobre la estructura de la materia que comenzaron al alba del siglo XX y que se ajustan a ese carácter estático.

referirse a estas nuevas reglas de gobierno sobre la población. «Biopolítica» es un término capaz de orientar numerosas investigaciones que están logrando sus primeros resultados. El filósofo se acercó a la idea, sin formularla explícitamente, en *Vigilar y castigar*, pero la desarrolló al final del primer volumen de la *Historia de la sexualidad*, titulado *La voluntad de saber*. Sin embargo, creo que no se puede analizar la población sin detenerse a contemplar sus dos caras. Porque, como las máscaras del teatro griego que representaban la tragedia y la comedia, muestra aspectos ambivalentes y contradictorios. Comenzando por el aspecto amable: en el siglo XX, los luchadores por la igualdad y la justicia emplearon sus fuerzas en extender y profundizar la democracia en los países occidentales y en el resto del planeta, así como los derechos individuales que caracterizan este modelo de sociedad. En parte gracias a su movilización, y en parte como expresión de la necesidad de que la población colaborara con los objetivos del gobierno, en las primeras décadas del siglo se concedió el voto al proletariado masculino y a todas las mujeres. Al final del siglo, se aprobaron leyes que persiguen la igualdad y la mejora en las condiciones de vida de todas las minorías marginadas (gitanos, grupos religiosos, etc.) o discriminadas (homosexuales); la lucha no fue poca cosa, y lo conseguido no carece de valor.

Como consecuencia de ambos factores, en los países desarrollados los gobiernos se preocupan por el bienestar de los ciudadanos a todos los niveles. Año tras año se elaboran medidas para aumentarlo; valga como ejemplo la aprobación de leyes de parejas de hecho para quienes no quieren dar el paso de casarse, la extensión del matrimonio a los homosexuales, etc. No sólo eso; se puede concretar más y afirmar que dentro de cada Estado son las regiones ricas y cultas las que mejor estudian las necesidades y demandas que hacen sus ciudadanos para darles una respuesta. Las atrasadas y pobres, en cambio, tienden al paternalismo y a la defensa de la familia tradicional. Puede señalarse el caso del Estado Español, cuasifederal, como ejemplo donde las políticas sociales seguidas por unas comunidades autónomas y otras no tienen los mismos objetivos.[18] En el siglo XX, se extendieron también los sistemas de sanidad y seguridad social para

18. Javier Ugarte Pérez (2000, 39-40).

amparar a los enfermos y a las personas mayores con el objetivo de que sus últimos años no resultaran tan sólo llevaderos, sino que fuesen buenos. De hecho, aumentó la esperanza de vida a unos niveles que no tienen precedentes en la historia; hoy los ancianos de todas las condiciones son más y mejor cuidados por los poderes públicos que en ninguna otra época. Que ya no se considera el sufrimiento como vía para alcanzar la santidad o que ésta ha dejado de ser valorada, lo prueba la creación de unidades paliativas del dolor para pacientes terminales en los grandes hospitales. En relación con ello, se constata la erradicación creciente de la pena de muerte en la mayor parte del planeta; en Europa, ha desaparecido.

Pero la máscara también muestra su otro rostro, el amargo. Como primer ejemplo puede señalarse la lobotomía, intervención quirúrgica que transforma la personalidad del sujeto. Le vuelve dócil al cortar la comunicación que existe entre los lóbulos frontales y el resto del cerebro, sobre todo el tálamo, donde se supone que radican las emociones. Los defensores de la lobotomía no podían negar el peligro que conllevaba, puesto que algunos pacientes morían tras someterse a ella, normalmente porque los neurocirujanos seccionaban más zonas de las inicialmente requeridas; afinar resultaba difícil. Pero, incluso si la operación alcanzaba el éxito, acarreaba apatía, falta de iniciativa, etc., lo que tampoco deja de ser un problema. Pese a ello, la aconsejaban cuando fracasaban los tratamientos convencionales y se deseaba recuperar al individuo para la vida social. En el lado positivo, está el hecho de que produce docilidad y alegría.[19]

Otra mueca amarga es que el pasado siglo haya sido el de la aplicación masiva de políticas eugenésicas, sobre todo en democracias avanzadas, como Suecia o Estados Unidos, para evitar la reproducción de ciudadanos indeseables y conseguir que aquellos otros valorados por la sociedad y los poderes públicos formaran el único cuerpo de la nación. Menciono estos Estados por tratarse de democracias que otras naciones de su entorno aspi-

---

19. Estos argumentos se encuentran, por ejemplo, en la obra de A. Martí Granell y J. Usúa Mariné (1950, pp. 36-56). En las intervenciones realizadas por estos doctores, se da la circunstancia de que predominan las mujeres sobre los hombres (seis casos sobre un total de nueve). Esto podría dar pie a un estudio sobre el sesgo de género que aquí sólo se señala como tema para trabajos ulteriores.

ran a imitar por su respeto a los derechos humanos y el alto nivel de vida que han conseguido. Suecia, incluso, ha creado la figura del Defensor del pueblo, lo que resulta una ironía teniendo en cuenta la política eugenésica que aplicó este Estado escandinavo entre 1934 y 1976. Durante estos años, fueron esterilizadas unas 60.000 personas, en su mayoría mujeres, por hechos tan peligrosos para la sociedad como haber sido madres sin estar casadas (es decir, por ser promiscuas), realizar pequeños hurtos, presentar trastornos de conducta, tener numerosos hijos pese a ser pobres (aunque estuviesen casadas), etc. Normalmente, las autoridades médicas aprovechaban que estas mujeres solicitaban abortar para obligarlas a aceptar la esterilización. Una cosa a cambio de otra.[20] Estados Unidos no le fue a la zaga, porque las autoridades de la nación esterilizaron a más de 70.000 personas por considerarlas «débiles mentales», pero cuyo único problema, en realidad, consistía en que eran pobres.[21]

Sin embargo, tampoco hace falta estudiar las medidas biopolíticas que tomaron otros Estados. Dentro de nuestras fronteras, se ha llevado a cabo una política de selección vital con el beneplácito de la mayoría de los ciudadanos: si en España ha descendido tanto el consumo de heroína no es porque se hayan realizado campañas paliativas o preventivas, sino porque han muerto la mayor parte de los heroinómanos y no ha habido recambio generacional. Cualquiera puede recordar cómo, en la década de los años ochenta y primeros noventa, muchos de ellos se arrastraban enflaquecidos por las calles de las ciudades españolas, con la mirada perdida, buscando o esperando no se sabe qué mientras se acercaban a su fin. Crearon inframundos de suciedad y miseria en los extrarradios de las grandes ciudades donde

---

20. Cecilia Mora (1997). Estos datos saltaron a la luz pública en 1997, cuando Maija Runcis, historiadora de la Universidad de Estocolmo, publicó una investigación donde documentaba unas medidas que se aplicaron con el beneplácito de la mayoría de fuerzas políticas. Hay que mencionar, en primer lugar, al Partido Socialdemócrata sueco, que fue quien las propuso en 1934, cuando hacía sólo dos años que estaba en el gobierno. También Karin Johanisson, historiadora de la Universidad de Uppsala, en su libro *Kroppens tunna skal* (*La sutil envoltura del cuerpo*), avala estos hechos, y busca su explicación en las corrientes de bienestar social de la época. Bienestar que pasaba, al parecer, por esterilizar a quienes no lo habían alcanzado.

21. Daniel Soutullo (1997, 13, 139-142). Según Soutullo, sólo en el Estado de Virginia fueron esterilizadas más de 8.000 personas hasta que la ley fue abolida, hecho que tuvo lugar en 1972.

morían, rodeados de ratas, envenenados por las sustancias que consumían o asesinados por narcotraficantes u otros toxicómanos, sin que los poderes públicos mostraran ningún interés en su destino ni en mejorar su situación. Algún resto persiste todavía de esos poblados. Si formalmente eran ciudadanos, nadie parecía tener en cuenta sus derechos constitucionales a la salud y a una vida digna.

Por seguir hablando de hechos concretos y cercanos en el tiempo, se puede señalar que, durante la década de los años ochenta del pasado siglo, la epidemia de VIH se extendió hasta convertirse en la actual pandemia porque los poderes públicos no tomaron medidas para evitarlo. No por casualidad, el virus se cebó en grupos de población marginada: los heroinómanos que acabo de mencionar, pero también los homosexuales, las prostitutas, los presos, los inmigrantes de naciones pobres. En los países occidentales, las relaciones homosexuales y el consumo parenteral de drogas fueron la principal vía de trasmisión, a diferencia del resto del planeta, donde han sido las relaciones heterosexuales la forma mayoritaria de contagio. Sin embargo, hasta la primera mitad de los años noventa, momento en el que se alcanzó una cifra enorme de personas contagiadas, no se tomaron medidas eficaces para luchar contra su extensión. Por ejemplo, el reparto gratuito de preservativos entre adolescentes, en medios homosexuales o de prostitución; distribución también de jeringuillas para evitar su uso compartido entre heroinómanos y presidiarios, campañas de información sobre las vías de transmisión a los jóvenes, etc. Los costes que ha alcanzado esta política de pasividad y los problemas que ha generado han hecho cambiar las decisiones que tomaban los gobernantes por otras más activas de combate contra la pandemia. Sin embargo, no variaron tanto los valores que regían su comportamiento cuanto el cálculo de sus intereses, incapaces ya de pagar la factura que generaban sus principios.

Por lo tanto, se observa cómo se puede seleccionar a la población sin derramar sangre.[22] Se practica la lobotomía o se esteriliza a unas mujeres porque son promiscuas, delincuentes o integran etnias proscritas, mientras que a otras se les conceden ayudas para que puedan tener hijos; se requisan jeringuillas en las pri-

22. Ver Javier Ugarte Pérez (2005).

siones (obligando a compartir las pocas disponibles, lo que conlleva la transmisión del VIH) o se reparten gratuitamente; se realizan campañas de uso del preservativo en adolescentes o se ignoran en el caso de otros grupos de ciudadanos. Basta seguir un camino u otro para alcanzar unos objetivos no explícitos en las campañas electorales, pero implícitos en la moral compartida por quienes gobiernan y son gobernados. Y todo esto sin necesidad de que las modernas democracias apliquen la pena de muerte, medida de épocas bárbaras, ni de que utilicen la tecnología de forma asesina, experiencia inaugurada por el nazismo y que es condenada de forma unánime por todos los gobiernos y organismos internacionales. Pueden rechazar hacia la muerte a las personas sin verter una gota de su sangre.

Nos encontramos, por tanto, con una doble posibilidad de análisis ante el gobierno de la población, según se estudie su protección o su abandono. Se trata ahora de entender los motivos de esta ambivalencia e intentar buscar una solución a la paradoja. Una primera explicación podría venir de la mano de Malthus, responsable directo de la obsesión por la superpoblación del planeta, e indirecto de la idea de selección natural a través del mecanismo de la lucha por la vida, puesto que Darwin se inspiró en sus teorías. Como es sabido, Malthus afirmó que la población corre siempre el peligro de crecer a mayor velocidad que los recursos de los que dispone.[23] Aunque aumente el número de tierras puestas en cultivo, los nuevos campos tenderán a ser menos fecundos que los ya labrados, puesto que fueron dejados de lado precisamente porque eran improductivos y difíciles de trabajar. Así que la agricultura en conjunto, por agotamiento progresivo de las viejas tierras e inadecuación de las nuevas, tenderá a rendir menos tras cada cosecha, ya que no encuentra la forma de mantener la fertilidad del suelo. Esto obliga a las sociedades, que luchan por sobrevivir, a poner en práctica mecanismos de control demográfico para evitar el colapso. Por un lado, se encuentran los frenos preventivos, que son los aconsejados por el autor para las personas prudentes, como el celibato o la abstención sexual dentro del matrimonio para evitar el nacimiento de más niños; por otro, están los frenos positivos cuando fallan los anteriores. Entre ellos se encuen-

---

23. Thomas R. Malthus (1998, 7).

tran el trabajo malsano, las epidemias, hambrunas, guerras, etc., que aumentan la mortalidad. Por un camino u otro, la población no puede sobrepasar los recursos, entendiendo por «recursos» los alimentos disponibles.

Si esta teoría se combina con la darvinista, el resultado es lo que se ha llamado «darvinismo social», teoría o ideología que se desarrolla siguiendo los siguientes puntos: puesto que el planeta es limitado en recursos y la especie humana no ha dejado de crecer desde los tiempos más remotos, permitiendo que tanto los adaptados como los inadaptados se reproduzcan con la ayuda de la Medicina, la protección de la sociedad, etc., es preciso devolver la fuerza de selección a los mecanismos naturales. El objetivo es evitar que quienes son incapaces de mantenerse tengan descendencia, ya que esto perjudica la supervivencia y capacidad de lucha de toda la especie. La sociedad no puede ser útero fecundado y seno común que cualquiera se sienta con el derecho de reclamar para alimentarse y mejorar su vida; cada uno debe valerse por sí mismo, sin esperar ni obtener recursos ajenos.[24] La lucha por la vida entre las especies se convierte en el mecanismo de supervivencia que se propone dentro de la sociedad, aunque no se utilice una expresión tan brutal para exponer esta ideología. Ahora bien, desde esta posición no se trata tanto de terminar con los débiles cuanto de impedir que éstos reciban ayudas que suplan sus deficiencias La sabia naturaleza ha de ser la única responsable del éxito o fracaso, no las instituciones sociales, que aunque no deben ayudar, tampoco han de perjudicar. Más bien tienen que reducirse al mínimo e incluso desaparecer.

Sin embargo, contra lo que pensaba Malthus, el planeta no ha llegado todavía a los límites naturales de sostenimiento de la vida humana. Ni siquiera sabemos cuáles son, puesto que no se trata de un número fijo; dependen de la tecnología disponible en cada momento y de la distribución que se realice de la riqueza. Por ejemplo, la misma cantidad de personas que constituían una superpoblación en las islas del mar Egeo hace dos milenios y medio, en la época en que vivieron Sócrates y Platón, que fue el problema que llevó a estas polis a fundar colonias en el resto del Mediterráneo como vía de salida a la presión demográfica que

---

24. Herbert Spencer (2002). La idea, expresada de diversas formas, se encuentra diseminada por toda la obra.

padecían, actualmente resulta una población insuficiente para consolidar el desarrollo económico, ya que constituye un mercado limitado. Los mercados pequeños no permiten especializarse en trabajos diferentes ni generan economías de escala.[25] Por eso, sus rendimientos son bajos. Precisamente, uno de los motivos por los que algunas naciones asiáticas, como China e India, se están industrializando es por la amplitud de su oferta de trabajo, y la demanda de productos que realizan gracias a su gran número de habitantes, que permite una especialización creciente y grandes economías de escala. Así que la única certeza que tenemos sobre los obstáculos que el planeta pone a los límites de supervivencia de la especie es que éstos no dejan de disminuir y alejarse de nosotros; desiertos yermos se han convertido hoy en vergeles con una productividad asombrosa, como se puede comprobar en los invernaderos de la costa del levante español, capaces de abastecer de productos hortofrutícolas a gran parte de Europa. Por eso, si algo han confirmado los doscientos años que nos separan del demógrafo inglés, es que éste no tenía razón: han sido los recursos los que han crecido exponencialmente, mientras que la población, gracias a las campañas estatales, los métodos anticonceptivos, la educación y los propios deseos de las parejas, lo ha hecho aritméticamente. Esto impide interpretar los genocidios a la luz del darvinismo, natural o social. Es decir, no existen recursos limitados que haya que repartir entre una población que lucha con desesperación por conseguirlos. Por lo tanto, no se puede considerar que la biopolítica sea la respuesta a un problema práctico, de pura supervivencia. Se trata de un problema distinto.

Otra interpretación que se puede considerar es la que aporta la teoría marxista. Desde esta óptica, se puede considerar la situación actual como la consecuencia de la fase de desarrollo en la que se encuentra el capitalismo. A una fase imperialista, que se desarrolló de 1850 a 1914, aproximadamente, provocada por las necesidades del capital de materias primas a bajo coste y nuevos mercados para sus productos, sobre todo en las fases de superproducción,[26] le sucedió una etapa intermedia que con-

25. Es decir, las que tienen lugar al producir grandes cantidades de un mismo producto. La fabricación a gran escala abarata los costes de producción y, por tanto, permite reducir el precio de venta.

26. Karl Marx (1995).

cluyó con la Segunda Guerra Mundial. Tras el conflicto bélico, se abre una nueva fase en la que los humanos aparecen como las materias primas y los mercados a conquistar por el capital. Es decir, cada persona, en cuanto trabajador y consumidor, es una fuente doble de riqueza. Por un lado, por todos aquellos bienes y servicios que es capaz de aportar; de donde surge la necesidad de una formación permanente y de calidad. Por otro, en cuanto consumidor de cantidades crecientes de esos bienes y servicios; mercado inagotable de deseos a generar y satisfacer de forma constante. Si los bienes pueden encontrar un límite físico para su satisfacción, para los servicios el término no existe. Sobre todo si se trata del cuerpo, su bienestar, apariencia y salud. En todo ello juegan un papel fundamental las nuevas tecnologías, sobre todo las de la información y las telecomunicaciones; sin ellas, no se habría producido el salto hacia adelante que ha dado el capitalismo. El motivo es que estas tecnologías consiguen producir riqueza con un consumo mínimo de materias primas; por ejemplo, utilizando el correo electrónico frente al correo ordinario o el cable telefónico de fibra óptica frente al de cobre. También reducen el uso de tiempo para realizar las tareas, y así, con el correo electrónico y la búsqueda de información por Internet, el tiempo virtual se convierte en tiempo cero real al ser innecesario desplazarse ni esperar por un servicio. Permiten producir lo mismo con menores cantidades de materias, energía y, lo que es más importante, de tiempo de trabajo. De ahí el incremento de la productividad que se ha conseguido, desde principios de los años noventa, en los países con una tecnología avanzada; eso explica el aumento en el nivel de vida de su población. Según he desarrollado en este análisis, lo que sucede es que tendríamos la suerte de encontrarnos en la «fase benigna del capitalismo», por expresarlo así, y de ser tratados como polivalentes fuentes de riqueza.

Ahora bien, pese a lo valioso de una interpretación que aporta luces sobre muchos de los fenómenos actuales, el análisis olvida los deseos que tienen las personas de cierto tipo de bienes, así como de la libertad de acción de que disponen para conseguirlos. Es un cuerpo teórico que permite comprender los elevados gastos que los Estados realizan en educación, formación laboral y gastos sanitarios que requieren los trabajadores enfermos, ya que son necesarios para alcanzar una elevada productividad. Sin embargo, no es un instrumento que sirva para analizar el resto de los gastos sociales, que, en conjunto, suponen gran parte del desembolso de los Estados modernos. Por ejemplo, las ayudas a la familia, la tercera edad, etc., ya que no son necesarias desde la perspectiva de la economía. Es más, elevar mucho la esperanza de vida puede resultar antieconómico, desde el punto de vista del presupuesto de la Seguridad Social; sin embargo, en esa lucha está empeñada la Medicina desde hace décadas con el apoyo de los poderes públicos. Así, todo avance en el combate contra las enfermedades degenerativas, que afectan sobre todo a los ancianos, es impulsado por el Estado y aplaudido por la sociedad. El problema que resulta más importante es que el marxismo tampoco ofrece herramientas para comprender las políticas genocidas de los Estados, porque son el instrumento más antieconómico que se pueda poner en práctica. Si la población es riqueza, entonces asesinar supone destruir riqueza colectiva, aunque los asesinos puedan repartirse algún botín, como hicieron los nazis antes de enviar a sus víctimas a los campos de exterminio. Sin embargo, el único objetivo identificable del capitalismo consiste en producir bienes. El marxismo puede mostrar la necesidad de las campañas militares como una solución para que las tropas consuman excedentes que no encuentran otra salida en una fase de sobreproducción, o para abrir mercados a los que se imponga por la fuerza de las cañoneras la compra de estos bienes, pero no puede explicar que el Estado realice matanzas de su propia población. De la incapacidad de la teoría marxista para enfrentarse a estos fenómenos se deduce que la biopolítica no puede ser analizada como un problema generado en el sistema productivo. Como señalaba a propósito del maltusianismo, tiene otra índole.

Es como si los Estados contemporáneos se empeñaran en demostrar, a través de la limpieza étnica, lo erróneo de los análisis marxistas que concebían la historia como el producto de una lucha de clases. No son tanto las clases, sino los individuos que pertenecen a determinados grupos étnicos y los Estados en los que se agrupan, quienes luchan entre sí, y una de las armas que utilizan en esa batalla es su potencia biológica. Así, es posible afirmar que la realidad biopolítica se ha desarrollado como alternativa a la lucha de clases como preocupación cotidiana y al comunismo como sistema político. La eugenesia todavía puede ser interpretada desde el modelo de la lucha de clases, ya que es una imposición de la clase gobernante sobre el proletariado, pero la pasividad de los gobernantes ante la propagación del virus del sida o su activo impulso de campañas genocidas ya no admiten este análisis, puesto que los individuos que pertenecen a estos grupos se distribuyen a lo largo de todas las clases sociales. Intencionadamente o no, esta nueva política ha conjurado el espectro que un día recorrió Europa.[27]

Es posible, entonces, desarrollar otra interpretación para la cara amable de la política, que es aquella que fomentan las ideologías que ocupan el arco, amplio, del centro ideológico: los gastos y las leyes igualitarias que se han mencionado se producen porque los ciudadanos desean que esas medidas se pongan en práctica, y con su voto presionan en ese sentido. Se saben valiosos y exigen que sus deseos sean respetados. Hacen propuestas a los partidos políticos y éstos las recogen en sus programas electorales. Al fin y al cabo, el gobierno es un contrato temporal, y los gobernantes son simples administradores de los bienes públicos que volverán a ser ciudadanos de a pie sin grandes responsabilidades tras sus años de mandato. Resulta lógico que entiendan y respeten los deseos de sus votantes, puesto que ellos mismos los querrán para sí y sus seres queridos en cuanto abandonen el gobierno. Como la democracia se inspira en la idea del contrato social y éste en las cláusulas de los contratos mercantiles al desarrollarse en un sistema capitalista, vivir en democracia consiste en negociar permanentemente, entre unos ciudadanos y otros, las formas del gobierno, los derechos comunes y los límites de quienes tienen el presupuesto en sus manos. Se trata de una explicación que parecerá plausible por lo repetida que ha sido, ya que es la ideología que ha logrado el consenso en las modernas democracias. Sin embargo, tampoco se enfrenta a los motivos que han provocado los sucesos más dramáticos de los últimos cien años. Para comenzar, no aclara por qué se han de producir las limpiezas étnicas o los genocidios, ya que la opinión pública no pide, ni parece que desee de forma callada, que se

27. El tema del espectro que recorre Europa aparece, es claro, en el preámbulo del *Manifiesto comunista*. Para un análisis del tema en Marx, véase Jacques Derrida (1995). El hecho de que la biopolítica sea una alternativa consciente al comunismo es algo que debe ser estudiado en el futuro. En estas páginas, sólo se propone como tema de reflexión.

lleven a cabo. En una sociedad pueden darse episodios más o menos exaltados de intolerancia y existir indiferencia ante la suerte de un toxicómano o un enfermo de sida. Sin embargo, entre un cierto antisemitismo o una cierta homofobia y los campos de exterminio, media una distancia inconmensurable. Tanto es así, que a la vista de los hechos el genocidio puede terminar con el antisemitismo por simpatía con las víctimas; la opinión pública de Estados Unidos y los países europeos, conmocionada por lo sucedido en las cámaras de gas, fue favorable a que su gobierno ayudara al nacimiento del Estado de Israel. Es más que probable que este apoyo no hubiera existido de no haberse producido las matanzas de los campos.

Los políticos responsables de las campañas genocidas quizás se sientan subjetivamente respaldados por su pueblo; incluso, pueden estar convencidos de que deben tomar esas medidas para sobrevivir como nación ante las dificultades que se presentan, pero ninguno de ellos ha recibido tal mandato. Por situarlo en el terreno en el que había presentado la cara amarga de la biopolítica: ninguno recibió la orden de terminar con los heroinómanos, los homosexuales, los presos o las prostitutas; no digamos ya exterminar en su totalidad grupos étnicos, como los judíos o los gitanos. Obraron por su cuenta, derramando sangre en unos casos y dejando que los problemas se agravaran hasta terminar con la vida de los afectados en otros. Pero tal agenda política no fue nunca expresamente proclamada ni refrendada por los votos.[28] Así que la teoría liberal-democrática tampoco es capaz de ofrecer una interpretación para el lado cruel de la biopolítica.

De esta forma, se puede volver a señalar el doble aspecto del fenómeno: un rostro benigno para quienes forman la nación mayoritaria y cumplen los paradigmas del comportamiento adecuado. Otro amargo para quienes no cumplen en el día a día estos criterios, bien porque no consigan alcanzarlos, bien porque no los consideran buenos. Como señaló Foucault en sus

---

28. El caso del nazismo no puede considerarse una excepción. Hitler dejó entender en *Mein Kampf* sus planes, pero eran extremos para ser creídos, por lo que no parece sensato afirmar que los alemanes que le votaron en 1933 respaldaran el genocidio. A esos votantes se les podría acusar de no haber hecho algo para oponerse a esta política después, cuando éste fue un asunto sospechado, aunque ya bajo la dictadura. El silencio de Heidegger, votante o no del partido nazi en 1933, es prototípico de la actitud de los alemanes de la época.

últimos escritos,[29] la policía es la gran invención del Estado moderno para impulsar la salud, la higiene y las buenas costumbres de los individuos. Es decir, tanto la esperanza de vida de los sujetos como su comodidad y prosperidad. No hay que ver en ella sólo el aspecto restrictivo de las conductas, el amargo. Muestra otro positivo en cuanto garante del bienestar de la población, por ejemplo en las funciones que hoy día corresponden a la policía municipal de inspección sanitaria de los mercados y de seguridad de los locales públicos para evitar que se produzcan incendios u otros desastres. El caso de la policía representa también el doble aspecto del poder, no sólo represivo, también productivo. Si el análisis se centra sólo en la parte negativa, no se llegará a entender su gran productividad ni la aceptación social que tiene, tanto más necesaria en una democracia que en otros sistemas políticos.

Si en este contexto se buscara un principio político, creo que se debería invertir el desarrollado por Maquiavelo cuando afirmó que las dificultades de política interior se solucionaban mediante acciones de política exterior para mantener ocupados a los súbditos en acciones de conquista y rapiña, y por tanto distraídos respecto a los conflictos internos.[30] Esta máxima, característica de épocas donde la conquista de territorios y la posesión de materias preciosas eran los objetivos de la acción, debería ser transformada en otra que dijese que, en el presente, los problemas de política interior se solucionan mediante acciones también de política interior, ya que la conquista militar no es una vía de salida a los problemas ni la forma de conseguir la expansión política. Porque la nación agresora, si triunfa, no enviará como colonos de las tierras conquistadas a los ciudadanos que causan problemas, como hicieron los Estados europeos en América y Australia. Pero si fracasa, los problemas se agravarán, porque aumentará el número de ciudadanos descontentos. Por otro lado, si su objetivo es conseguir recursos naturales a bajo precio o ampliar mercados, los gobiernos tienen más éxito potenciando que sus compañías multinacionales inviertan en otras naciones,

---

29. Ver, por ejemplo, Michel Foucault (1991, 126-136).

30. Nicolás Maquiavelo (1978, 109). Ver, en general, el capítulo XXI, que narra la gloria alcanzada por Fernando de Aragón por seguir este principio al comienzo de su reinado.

desarrollen tecnologías que ahorren materias primas, incrementen la productividad, etc. No son los actos de política exterior, sino interior, la clave del éxito de la biopolítica. Por esa razón, no es el ejército, sino la policía o un ejército que cumple funciones internas de policía, el instrumento de acción biopolítica directa, como represión o como control de los comportamientos.

El paso de un sistema político a otro es la consecuencia de ocuparse menos de los recursos físicos y preocuparse más por las personas. El hecho es que no se trata de distraer la atención de los súbditos, sino de conseguir la colaboración de los ciudadanos en los objetivos que se persiguen. El primero de ellos, formar a quienes integrarán las siguientes generaciones según los principios que se han expuesto. Querer mantener en vigor el principio de Maquiavelo, en una democracia moderna, supone el desastre, como ha demostrado la administración norteamericana en sus guerras asiáticas, primero en Vietnam, luego en Afganistán e Iraq. La guerra, tal como la conocíamos, ha dejado de ser eficaz para conseguir objetivos políticos, puesto que la aventura militar sólo consigue derrotar gobiernos enemigos. En cambio, es inútil cuando el objetivo es conquistar tierras y hacerse con el monopolio de rutas comerciales, puertos, etc. Porque las tierras son estériles si están despobladas e ingobernables si la población es reacia a ser tutelada por extranjeros, que es lo habitual. Además, los organismos internacionales no pueden reconocer una anexión por la fuerza. Por otro lado, las más productivas rutas actuales son virtuales, no geográficas, puesto que pulsando la tecla de un ordenador se pueden cambiar de banco o de nación millones de euros o dólares. Si las fuentes de riqueza han cambiado, también lo han tenido que hacer los objetivos y los métodos empleados para conseguirlos.

Conclusiones

No es suficiente con lamentar la situación de los presidiarios que han contraído el VIH por compartir jeringuillas. La sociedad de la que formamos parte se basa en principios biopolíticos que excluyen a segmentos enteros de la población de la ciudadanía, y sólo a posteriori, cuando los problemas han llegado al límite, la sensibilidad social se muestra sorprendida y afectada por la crueldad de los hechos. En estos momentos, por ejemplo, se produce en la magistratura de muchos Estados una reflexión sobre lo conveniente de incluir a las parejas homosexuales del matrimonio y la adopción conjunta de menores, bien se trate de hijos naturales de un miembro de la pareja, bien de hijos adoptivos. La inclusión es necesaria para no mantener la desigualdad de trato de las leyes, cosa inadmisible que tiene que desaparecer antes o después, y por el bien de los niños, que estarán más protegidos con dos madres o padres que con uno solo.[31] Ahora bien, al concederles la igualdad se les incluye también dentro de principios biopolíticos, con lo que se produce una paradoja difícil de resolver. Una interpretación favorable a la extensión de estos derechos sería decir que ahora también están incluidos, pero para lo peor, que es el hecho de ser gobernados sin recibir ayudas sociales. Es decir, tienen deberes pero no derechos. La igualdad ante las leyes serviría para extender los principios positivos del gobierno.

Por otro lado, los principios biopolíticos en los que nos movemos impiden distinguir el bien del mal. Parece que sólo se consigue reconocer el mal cuando ha dejado de ser efectivo para conseguir los objetivos propuestos; entonces puede salir a la luz. Verbigracia, la política eugenésica practicada por Estados Unidos o Suecia, o la lobotomía que tanto predicamento tuvo también en Estados Unidos. Cuando estos objetivos están en plena actividad, y efectividad, se está ciego a su funcionamiento, puesto que forman los principios de análisis y acción que nos rodean, lo que dificulta comprender lo que sucede. La política neoliberal se presenta como una alternativa a estos problemas, puesto que al eliminar la acción del Estado en muchas instancias de la vida se eliminarían también los errores que comete. Pero si el Estado se abstiene de intervenir, entonces se abandona la idea de que la sociedad es un espacio de acuerdos y solidaridad mutua, un barco en el que todos navegan compartiendo la suerte común del viaje, como fue la imagen del mundo antiguo y medieval, o como armonía de intereses que guía una mano invisible, en vocabulario ilustrado. Además, su alejamiento de estas cuestiones despeja el camino para la actuación de principios biopolíticos a otros niveles, como los que se dan en el campo de la economía.

---

31. Javier Ugarte Pérez (2004).

La política neoliberal arroja a los niños que no pueden valerse por sí mismos por el sumidero, junto con el agua sucia del baño. Pero la intervención eugenésica o la experimentación con seres humanos, por parte del Estado y en nombre de la sociedad, de su bienestar, también es cruel, ya que su objetivo puede ser que estos niños no nazcan o que no tengan descendencia si no se ha logrado impedir su nacimiento. Encontrar una alternativa, un paso intermedio entre estos Escila y Caribdis, o lanzarse a ellos con todas las consecuencias, será una de las claves del futuro de las sociedades occidentales.

Bibliografía

AGAMBEN, Giorgio (2000): *Lo que queda de Auschwitz. El archivo y el testigo*, Pre-Textos, Valencia (original en italiano, Boringhieri, 1998).

— (2002): *El lenguaje y la muerte. Un seminario sobre el lugar de la negatividad*, Pre-Textos. Valencia (original en italiano, 1982).

— (2003): *Homo sacer. El poder soberano y la nuda vida*, Pre-Textos, Valencia (original en italiano, Einaudi, 1995).

— (2004): *Estado de excepción. Homo sacer II, 1*. Pre-Textos, Valencia (original en italiano, 2003).

ARENDT, Hannah (1998): *La condición humana*, Paidós, Barcelona. Introducción de Manuel Cruz (original en inglés, The University of Chicago Press, 1958).

BECKER, Gary S. (1983): *El capital humano*, Alianza Editorial, Madrid (original en inglés, Columbia University Press, 1975).

DERRIDA, Jacques (1995): *Espectros de Marx. El Estado de la deuda, el trabajo del duelo y la nueva Internacional*, Trotta, Madrid.

FOUCAULT, Michel (1989): *Historia de la sexualidad 1. La voluntad de saber*. Siglo XXI de España editores. Madrid (original en francés, Gallimard, 1976).

— (1991*a*): «La gubernamentalidad» en *Espacios de poder*, Las Ediciones de La Piqueta, Madrid (original en francés en *Dits et écrits 1954-1988*, volumen III, Gallimard, París, 1994).

— (1991*b*): «Omnes et singulatim», en *Tecnologías del yo y otros textos afines*, Paidós, Barcelona (original en inglés, The University of Massachusetts Press, 1988).

GALTON, Francis (1988): *Herencia y eugenesia*, Alianza Editorial, Madrid. Selección de textos, traducción e introducción a cargo de Raquel Álvarez Peláez.

HELLER, Agnes y Ferenc FEHÉR (1995): *Biopolítica. La modernidad y la liberación del cuerpo*, Península, Barcelona (original en inglés, Avebury, 1994).

LACADENA, Juan R. (2000): «Genética, Sociedad y Bioética», en *Bioética 2000*, Marcelo Palacios, coord., Ediciones Nóbel, Oviedo.

LAZZARATO, Mauricio (2000): «Del biopoder a la biopolítica», *Multitudes*, n.º 1, marzo.

LEVI, Primo (2002): *Si esto es un hombre*, Muchnick, Barcelona (original en italiano, 1947).

MALTHUS, Thomas R. (1998): *Ensayo sobre el principio de la población*, Fondo de Cultura Económica, México. Prólogo de Fernando Tudela [1789].

MAQUIAVELO, Nicolás (1978): *El Príncipe*, Espasa-Calpe, Madrid [1513].

MARTÍ GRANELL, A. y J. USÚA MARINÉ (1950): *Lobotomía frontal*, Colección Española de Monografías Médicas, volúmenes 113-114. Ediciones B Y P, Barcelona.

MARX, K., y F. ENGELS (1987): *Manifiesto Comunista*. Traducción de W. Roces, Endymion, Madrid [1848].

MARX, Karl (1995): *Las luchas de clases en Francia de 1848 a 1850* y *El Dieciocho Brumario de Luis Bonaparte*. Introducción de Ramón Cotarelo, edición conjunta en Espasa Calpe, Madrid [1850 y 1852, respectivamente].

MORA, Cecilia (7 de septiembre de 1997): «Suecia hace psicoanálisis con su pasado», en *La Vanguardia*, Barcelona.

NANCY, Jean-Luc (2002): «Note sur le terme de "biopolitique"», en *La crèation du monde ou la mondialisation*, Galilée, París (edición castellana en Paidós Ibérica, 2003).

SMITH, Adam (1999): *La riqueza de las naciones*, Alianza Editorial, Madrid. Edición a cargo de Carlos Rodríguez Braun [1776].

SOUTULLO, Daniel (1997): *La Eugenesia. Desde Galton hasta hoy*, Talasa. Madrid.

SPENCER, Herbert (2002): *El individuo contra el Estado*, Ediciones Folio, Barcelona [1884].

STEINBERG, Paul (1999): *Crónicas del mundo oscuro*, Montesinos, Barcelona (original en francés, 1996).

UGARTE PÉREZ, Javier (2000): «Parejas de hecho y matrimonios homosexuales», en *Claves de Razón Práctica*, n.º 103, junio, pp. 34-40.

— (2003): «El "olvido" de los estudios históricos», en *Orientaciones. Revista de homosexualidades*, n.º 5, primer semestre 2003, ps. 7-28.

— (domingo, 7 de marzo de 2004): «Lo mejor para los niños», en *El País*, «Opinión», p. 13, Madrid.

— (2005): *Sin derramamiento de sangre. Un ensayo sobre la homosexualidad*, Egater, Madrid-Barcelona.

Documentos en Internet:

DOMEC SANOJA, Maïté (viernes, 25 de febrero de 2000): «Suecia: Nunca más....» en Analítica.com Venezuela (www.analitica.com/va/internacionales/opinion).

«EMPRESARIOS DE NOSOTROS MISMOS». BIOPOLÍTICA, MERCADO Y SOBERANÍA EN LA GUBERNAMENTALIDAD NEOLIBERAL

Francisco Vázquez García

Los Estudios sobre la Gubernamentalidad: cuestiones de método

La analítica de la «gubernamentalidad» y la genealogía del sujeto inspiradas en la obra de Foucault encuentran su desarrollo principal[1] en una red de investigadores de habla inglesa (*History of the Present Research Work*)[2] que viene cooperando y realizando importantes trabajos de investigación desde finales de los años ochenta. Más que de una «escuela foucaultiana», se trataría de un campo de estudios decididamente transdisciplinario que afecta a materias tan diversas como la filosofía, las ciencias políticas y económicas, la historia y la sociología.[3]

---

1. Obviamente, no se trata de la única tentativa de aplicar la «caja de herramientas» foucaultiana. En este punto hay que mencionar tanto los trabajos desarrollados por el círculo de colaboradores más próximos de Foucault (Ewald, Castel, Donzelot, Pasquino, Procacci, Vigarello, Defert, Meyer, incluso Deleuze) como las investigaciones desarrolladas al abrigo californiano de *History of the Present*, revista animada por Paul Rabinow y publicada durante algunos años posteriores a la muerte del filósofo. Cfr. «A Newsletter», *History of the Present*, 1 (1985), p. 1. Tampoco en España han faltado estudios empíricos emplazados en esta trayectoria, como los realizados por Julia Varela, Fernando Álvarez-Uría, Antonio Campillo o Pedro Trinidad Fernández, entre otros. Cfr. F. Vázquez García: «Racionalidad Política del Liberalismo y Genealogía del *Welfare State*. Un estado de la cuestión», *Cuadernos Andaluces de Bienestar Social*, 2 (1998), pp. 49-58.

2. Sobre esta red, cfr. N. Rose: *Powers of Freedom. Reframing Political Thought*, Cambridge, Cambridge U.P., 1999, pp. X-XI.

3. Sobre el rechazo a encuadrar una «escuela foucaultiana», cfr. N. Rose: *Powers of Freedom*, *op. cit.*, p. 9; sobre la relación experimental de estos autores con la obra de Foucault, al modo de una «caja de herramientas», id., p. 5

Se puede decir que este ámbito de exploraciones —que algunos llegan a equiparar a una nueva subdisciplina— ha alcanzado ya una cierta madurez. Por eso, en el curso de los últimos años, han salido a la luz algunos textos que apuntan a sistematizar lo que ya constituye un voluminoso cuerpo de investigaciones.[4] Por su relevancia para el análisis de las tecnologías de poder en el ámbito del neoliberalismo, se examinarán principalmente las contribuciones del británico Nikolas Rose y del australiano Mitchell Dean, sin perder de vista la referencia a las obras del propio Foucault y la alusión a otros ensayos importantes, dentro de la corriente anglofoucaultiana (Burchell, O'Malley, Cruikshank, Osborne, Barry).

La revisión crítica de esta tendencia, apenas conocida en España, se desplegará en dos momentos. En el primero se expondrá el modo en que los conceptos de «gobierno» y de «gubernamentalidad» cuestionan el marco del pensamiento político centrado en el Estado y trasladan al primer plano el problema de la subjetividad y de la libertad. En segundo lugar, se pasará revista a las particularidades de la gubernamentalidad liberal en sentido amplio y a las formas de gobierno neoliberal en sentido más restringido, señalando sus implicaciones con la biopolítica. Finalmente se afrontará el papel desempeñado por las tecnologías «psi» en la conformación del «empresario de sí mismo», tipo de subjetividad característico de la era neoliberal.

Gobierno y Gubernamentalidad

Hasta el momento se ha hablado de «gubernamentalidad» y de «gobierno» sin entrar en la especificación de estos conceptos. Es hora ya de entrar en la madeja que representan estas nociones, toda vez que la red de investigaciones anglosajonas inspiradas en

---

y M. Dean: «Foucault, government an the enfolding of authority» en A. Barry, T. Osborne y N. Rose, (eds.): *Foucault and Political Reason. Liberalism, Neoliberalism and Rationalities of Government*, Chicago, The University of Chicago P., 1996, p. 210. Una caracterización de la analítica de la gubernamentalidad como subdisciplina y una enumeración de los problemas investigados en esta estela pueden encontrarse en M. Dean: *Governmentality. Power and Rule in Modern Society*, Londres, Sage Pub., 1999, pp. 3-4.

4. Se trata de los textos citados de N. Rose: *Powers of Freedom* y M. Dean: *Governmentality.*

la obra de Foucault se autocomprende como una «analítica del gobierno», y más específicamente como un estudio genealógico de las formas de gubernamentalidad liberal y neoliberal.

En primer lugar, hay que señalar que los conceptos de «gobierno» y de «gubernamentalidad» son de presencia tardía en la obra de Foucault. Hay que esperar al final de la década de los setenta, concretamente al curso del Collège de France que el filósofo francés impartió en 1977-1978, para encontrar la primera formulación y las primeras exploraciones de estos conceptos.[5]

El modelo del gobierno sirve para dar cuenta de esas tecnologías reguladoras que no casan con la metáfora bélica, con la imagen del enfrentamiento cuerpo a cuerpo, con la forma de la dominación.[6] En el gobierno, la acción (entendida como conducción de conductas) no toma como blanco al cuerpo (una materia, un potencial de fuerzas por dominar), sino a las acciones de los otros (o de uno mismo). Se supone que aquéllos sobre los que se actúa son a su vez activos, y que esa actividad puede ser instrumentalizada y alineada en relación con las metas de esa conducción de conductas. El gobierno —a diferencia de la dominación, de la lucha cuerpo a cuerpo— no pretende anular la iniciativa de los gobernados —es decir, su práctica de la libertad— imponiéndole un estándar, sino emplearla a su favor. El gobierno presupone entonces la libertad, con la que mantiene, no una relación de antagonismo, sino un vínculo de «agonismo», implicando un juego permanente de incitación y desafío recíprocos.[7] Piénsese por ejemplo en las campañas para favorecer la natalidad en las cla-

---

5. El resumen de este curso, titulado «Securité, territoire et population» (1977-1978), fue publicado por primera vez en M. Foucault: *Résumé des Cours 1970-1982*, París, Collège de France, Juillard, 1989, pp. 99-108. Se han editado asimismo en cassette algunas partes de este curso en M. Foucault: *De la Gouvernementalité. Leçons d'introduction aux cours des années 1978 et 1979*, París, Seuil, 1989.

6. Sobre esta ruptura con el modelo bélico, M. Dean: *Governmentality*, pp. 25, 46-47, 111-112 y C. Gordon: «Governmental Rationality: an Introduction» en *The Foucault Effect*, *op. cit.*, pp. 4-5. El desplazamiento respecto al modelo de la «dominación», que es un poder fundado en la objetivación hacia el «gobierno», que implica la «subjetivación» de los gobernados, alejaba a Foucault de los planteamientos de Adorno y Horkheimer, cuya crítica de la «dominación» se apoyaba en una teoría de la «cosificación».

7. M. Foucault: «Le Sujet et le Pouvoir», *op. cit.*, p. 238. Un desarrollo aún más completo de esta tesis en M. Foucault: «L'éthique du souci de soi comme pratique de la liberté», *D.E.* IV, pp. 710-714 y 720-722.

ses medias de las democracias liberales. Esta regulación puede implicar desde iniciativas fiscales y facilidades en los créditos hipotecarios hasta cambios en la estructuración del horario laboral y en la disponibilidad y acceso al régimen de guarderías. La acción de gobierno incide sobre seres humanos con capacidad de cálculo e iniciativa, que, dentro de sus recursos más o menos limitados, pueden elegir y ponderar el volumen de descendencia que desean tener. La acción de gobierno apunta a facilitar esta capacidad de elección para coordinarla con las propias metas de la nación, evitando que la natalidad descienda por debajo de un umbral que implique riesgos para la preservación del sistema de cotizaciones a la seguridad social.

Con el modelo del gobierno, Foucault podía dar cuenta de la relación entre libertad y poder sin tener que demonizar a este último como «dominación» —ésta sería algo así como el grado cero del gobierno, cuando la capacidad de actuar del gobernado tiende a anularse— ni caer en una rígida oposición entre poder y resistencia. Esta caída llevaba a una peligrosa alternativa: o afirmar que la dominación carecía de exterioridad (aquí se inscriben los que achacaban a Foucault una suerte de visión metafísica del poder como instancia omnisciente y omnipresente)[8] o anclar la resistencia en un «afuera» salvaje, en la irreductibilidad de «el cuerpo y sus placeres», de la «plebe», con el riesgo de deslizarse hacia el naturalismo o hacia la dialéctica negativa (aquí se emplazan las lecturas que ligan a Foucault con cierta mística de la transgresión y del pensamiento negativo).[9] Salvo esta modificación vehiculada por el concepto de «gobierno», el resto de los supuestos asumidos por la analítica del poder de los setenta se mantienen inalterados.[10]

Junto al uso de la expresión en sentido amplio —el gobierno como «conducción de las conductas»—, se encuentra también en Foucault una acepción más restringida. Se trata de la «gubernamentalidad», a la que Foucault también designa con los

8. Ejemplos de esta crítica: D. Lecourt: «Foucault, ¿microfísica del poder o metafísica?», *El Viejo Topo*, 22 (1978), pp. 4-7 y J. Baudrillard: *Olvidar a Foucault*, Valencia, Pre-Textos, 1978.

9. Ejemplos: J. Miller: *La Pasión de Michel Foucault*, Barcelona, Andrés Bello, 1996 y J. Bernauer: *Michel Foucault's Force of Flight: towards an ethics for thought*, New Jersey, Humanities Press, 1990.

10. Esta continuidad ha sido recalcada por G. Burchell: «Liberal Government», pp. 19-20.

términos «arte de gobierno» y «racionalidad de gobierno». Éste es un sistema de pensamiento acerca de la naturaleza y práctica del gobierno, de la conducción de conductas (quién tiene que gobernar, cómo se entiende el gobernar mismo, qué o quienes son los gobernados), dentro de coordenadas históricas precisas.[11]

Desde 1978, Foucault utilizó esta noción de gubernamentalidad para explorar cuatro dominios históricos diferentes: el poder pastoral perfilado durante el Cristianismo primitivo y contrapuesto al «gobierno de una ciudad», teorizado en la Antigüedad grecolatina; los programas de gobierno forjados entre los siglos XVI y XVIII (razón de Estado, Estado de policía, cameralismo y mercantilismo); la racionalidad gubernamental del liberalismo clásico desde Adam Smith y la Ilustración escocesa hasta Malthus y Chadwick, y la gubernamentalidad neoliberal articulada, principalmente, en Alemania y Estados Unidos.

Este conjunto de investigaciones, emprendidas por Foucault en los últimos años de su vida, conforman un corpus incompleto y bastante disperso. Sus contenidos están mayoritariamente expuestos en las lecciones del Collège de France correspondientes a 1977-1978 y 1978-1979, todavía inéditas y sólo parcialmente disponibles en algunas grabaciones magnetofónicas publicadas y en los resúmenes de estos cursos. También se encuentran elementos de este trabajo en artículos y entrevistas concedidas por el filósofo durante estos años.[12] En buena medida, la tarea realizada por los investigadores anglófonos que conforman la *History of the Present Network* ha consistido en proseguir y en completar este elenco de pistas abiertas por Foucault.

No es baladí señalar que el contexto en el que se inicia este acercamiento de un grupo de estudiosos (sociólogos, politólogos, filósofos, economistas) anglosajones a las reflexiones foucaultianas sobre el gobierno está marcado precisamente por la expansión de las políticas neoliberales en los países de lengua inglesa (en particular Gran Bretaña, Australia, Estados Unidos y Canadá). Sucede como si el modelo del gobierno, remitiendo a un poder que se apoya en la libertad, que incluso exige a los gobernados la obligación de ser libres, fuera idóneo para dar cuenta

11. Sobre estos dos sentidos, cfr. C. Gordon: «Governmental Rationality», pp. 2-3.

12. Una relación bastante completa de este *corpus* foucaultiano sobre el «gobierno» puede encontrarse en G. Burchell: «Liberal Government», p. 35.

de la revolución neoliberal en el arte de conducir las conductas. Foucault desarrolla sus lecciones sobre la gubernamentalidad en el momento en que las administraciones de Reagan y Thatcher se están estrenando en sus respectivos países.[13] Los trabajos de Nikolas Rose, Mitchell Dean, Peter Miller, Thomas Osborne, Graham Burchell, Pat O'Malley y tantos otros, se inician cuando esas políticas neoliberales tienen tras de sí cierto trecho de experiencia y de profundización.[14]

Antes de entrar, no obstante, en el análisis forzosamente panorámico de las peculiaridades del gobierno liberal y neoliberal, es menester aclarar un par de cuestiones. La primera concierne al papel asignado al Estado en los análisis de la gubernamentalidad. Se ha dicho que la tematización foucaultiana se aleja del pensamiento político centrado en el Estado, pues considera que el poder no es una sustancia irradiada desde las instituciones estatales al resto del cuerpo social. Se trata de una red de relaciones inserta en la superficie de las interacciones cotidianas, dentro de escenarios que no se suelen considerar «políticos», como los vínculos familiares, la empresa, los medios de comunicación o la contratación de servicios expertos (educadores, publicistas, agentes de seguros, abogados, profesionales de la salud, etc.).

Este planteamiento, que a mediados de los setenta podía parecer excepcional, ha llegado hoy a banalizarse debido por una parte al declive del papel político asumido por el Estado-nación (mundialización de las relaciones políticas y económicas, crisis del Estado social) y gracias a la tendencia expansiva de los movimientos sociales arraigados en la politización de la esfera personal y cotidiana (feminista, ecologista, homosexual, organizaciones xenófobas, de consumidores, etc.). En este cuadro no es raro que desde hace algunos años hayan comenzado a proliferar perspectivas de análisis político que abandonan la referencia central del Estado.[15]

---

13. Sobre esta coincidencia cronológica, cfr. C. Gordon: «Governmental Rationality», p. 6.

14. El seminario en cuestión comenzó a reunirse regularmente desde 1989, aunque la multiplicación de estudios empíricos tuvo lugar en la década de los noventa. Cfr. M. Dean: *Governmentality*, p. 1 y N. Rose: *Powers of Freedom*, p. XI. El órgano que recoge buena parte de las contribuciones de este grupo es la revista *Economy and Society*.

15. N. Rose: *Powers*, pp. 15-18, donde se contrastan los estudios genealógicos con otros tipos de análisis políticos que han abandonado el privilegio del Estado: el análisis de la «gobernanza» y la sociología empírica del «gobierno».

Sin embargo, como ya se indicó, la genealogía del poder no pretende dejar a un lado la consideración del Estado y de sus agencias. Cierto es que, tras la publicación de *Vigilar y castigar* y en el momento en que cobraba fuerza la noción de «microfísica del poder», la mayoría de los pensadores políticos —en especial los que procedían del marxismo— vieron en la analítica foucaultiana una deficiente estimación del papel desempeñado por el Estado. Y en cierto modo no les faltaba razón. El filósofo francés había señalado la necesidad de explorar las vastas estrategias del poder estatal como la resultante de una coordinación de relaciones de poder vehiculadas a escala micro. Pero salvo algunas alusiones a la cristalización del Estado napoleónico a partir del complejo disciplinario insertado a escala molecular, el argumento de *Vigilar y castigar* apenas desarrolla esta conexión entre lo micro y lo macro.

La noción de «biopoder», presentada con toda su amplitud en *La voluntad de saber*, sí introducía más decididamente estos nexos.[16] Se advertía aquí, por ejemplo, cómo las estrategias generales centralizadas por el Estado Nacionalsocialista —las políticas de disciplinamiento general de la sociedad, la concentración de los derechos en el *Volk* entendido como identidad biológico-racial, y los planes generales de mejoramiento eugenésico, de exterminio y deportación— recombinaban y llevaban a su forma extrema toda una serie de mecanismos de disciplina y regulación cuya implantación a escala molecular se había ido gestando desde fines del siglo XVIII.[17]

La biopolítica y la función que en ella desempeñan las tecnologías reguladoras permitía entender la articulación entre un poder estatal y autoritario y las pequeñas disciplinas difundidas en los entresijos de la sociedad. Sin embargo, en el caso del poder estatal en las democracias liberales, para dar cuenta de un ejercicio político que delega la soberanía en los ciudadanos y se apoya en la preservación de la autonomía e iniciativa de los procesos gobernados (mercado, dinámica biológica de la población, estructuras organizativas de la sociedad civil), no bastaba con el concepto de biopolítica. Aquí se encuentra de nuevo la fecundidad del concepto de gobierno.

---

16. C. Gordon: «Governmental Rationality», p. 4.

17. M. Foucault: *Historia de la Sexualidad 1. La Voluntad de Saber, op. cit.*, pp. 181-182 y sobre todo M. Foucault, *Genealogía del Racismo*, Madrid, la Piqueta, 1992, pp. 247-273.

El gobierno implica que la actividad de los gobernados es un medio y también un objetivo en la conducción de las conductas. Los órganos de la administración estatal intervienen garantizando la autonomía de esas esferas de gobierno emplazadas en un nivel molecular (familia, empresa, salud, enseñanza, peritaje profesional, etc.). En este aspecto, la diferencia entre el plano macro (estatal) y el micro es de orden tecnológico, no ontológico; en los dos casos se trata de ámbitos de gobierno, aunque los procedimientos empleados difieran.[18]

La cuestión característica de las por otra parte muy variadas formas de gubernamentalidad liberal es cómo gobernar con la máxima seguridad el mercado y los procesos vitales de la población limitando al mínimo la acción directa del Estado. De este modo los programas políticos más vastos, que conciernen a los intereses generales de la nación, descansan en una red de modos concretos de ejercer la autoridad que no son ni generados ni mantenidos por el Estado. Se trata de establecer —y éstos son términos elaborados por los analistas anglosajones de la gubernamentalidad— una «traslación», una «interface»[19] entre las decisiones de la administración estatal y la acción autónoma y autogobernada del mercado, la población, la sociedad civil y los individuos mismos. Esta coordinación es la que permite la «acción a distancia» de las agencias estatales.[20] El Estado no es por tanto el núcleo generador del ejercicio de gobierno, sino una pieza, un «puerto» en un circuito que enlaza las estrategias políticas más globales (nivel molar) y el ejercicio del poder en los escenarios conceptualizados usualmente como «no políticos» o de confinamiento privado.

La segunda cuestión concierne a la relación establecida entre las «tecnologías de gobierno» y las «tecnologías del yo». El «gobierno», en la propia analítica foucaultiana, no se refiere sólo a la conducción de la conducta de los otros, sino también a la conducción de la propia conducta. Como es sabido, Foucault inicia,

---

18. N. Rose: *Powers*, pp. 5-6.

19. Rose adopta el concepto de «traslación» (*translation*) a partir de la obra de Bruno Latour. Cfr. N. Rose: *Inventing*, pp. 55-57 y 77 y N. Rose: *Powers*, pp. 48-51. G. Burchell: «Liberal Government», p. 25, utiliza la metáfora de la «interface», derivada de las tecnologías de la comunicación.

20. Sobre este concepto, cfr. N. Rose: «Governing advanced liberal democracies», *op. cit.*, p. 43 y N. Rose: *Inventing*, p. 73.

aproximadamente desde 1980, un nuevo periplo en su trayectoria dedicado al estudio de lo que denominó «tecnologías del yo» o «prácticas de libertad».[21]

Después de analizar las prácticas que objetivan a los seres humanos como ámbitos de conocimiento (argumento central de *Las palabras y las cosas*) y de examinar las prácticas por las que los seres humanos son moldeados como objetos de poder (asunto principal de *Vigilar y castigar* y *La voluntad de saber*), se trataría de indagar los procedimientos por los que los seres humanos se modelan a sí mismos como sujetos de comportamiento moral (problema afrontado en *El uso de los placeres* y *La inquietud de sí*). Se produce aquí un deslizamiento de interés desde las técnicas heteroformativas a las técnicas autoformativas, de la política a la ética, del gobierno a la libertad. Aquí se reconocen los ensayos y cursos del último Foucault acerca del tránsito del «cuidado de sí» en las escuelas morales de la Antigüedad griega a la «renuncia» y a la «hermenéutica de sí» características de la ascesis en el primer monacato.

Ahora bien, este cambio de acento no debe hacer pensar que entre el gobierno de los otros y el gobierno de uno mismo, o dicho de otra forma, entre las tecnologías de gobierno y las tecnologías del yo, exista un corte o una irreductible inconmensurabilidad. Como ya se ha dicho, el ejercicio del poder no se opone al ejercicio de la libertad. Toda práctica de poder, incluidas las formas de gobierno más próximas al estado asintótico de dominación, está imbricada con tecnologías del yo. Así, por ejemplo, en lo que fue presentado por Foucault como el diagrama de las instituciones de encierro disciplinario, en el proyecto presentado por *El Panóptico* de Bentham, las tecnologías de vigilancia y observación permanente (apoyadas en ciertos artefactos arquitectónicos) apuntaban también a insertar en el internado (preso, escolar, trabajador en una *workhouse*) un hábito de introspección permanente, por el cual debería interiorizar el ojo del vigilante y mantener un constante autocontrol de su comportamiento, cultivando por sí mismo actitudes de sobriedad, servicialidad, limpieza y cálculo del futuro. De este modo la conversión del interno en ciudadano responsable se efectuaba no sólo

---

21. Cfr. M. Foucault: «L'éthique du souci de soi», *op. cit.*, pp. 708-729 y M. Foucault: «Les techniques de soi», *D.E.*, pp. 783-813.

por las tecnologías heteroformativas (de poder), sino entrelazando a éstas con tecnologías autoformativas (de libertad).[22]

Por tanto, la historia de las tecnologías del yo está íntimamente ligada a la historia del gobierno; se produce una coordinación entre las prácticas que uno mismo pone en liza para conformarse como sujeto de acción moral y las estrategias generales por las que autoridades de diversa índole tratan de conducir la propia conducta. En este sentido, la política y la ética no son exteriores entre sí; el gobierno incluye siempre una dimensión moral, implica una pretensión de conocer el bien, tanto para los gobernados como para los gobernantes.[23] Esta coordinación —lo que Nicolás Rose ha bautizado como «etopolítica»—[24] no implica en ningún caso una determinación simple de las técnicas del yo por las técnicas de poder; las primeras son siempre ambivalentes; pueden estar alineadas con las metas del gobierno, pero pueden funcionar también como un lugar de contestación. Esta relación incierta entre gobierno y autogobierno es un trasunto más del nexo agónico entre poder y libertad.

Por otro lado, el grado de autonomía de los regímenes éticos, esto es, de las técnicas del yo respecto a las técnicas de poder, varía extraordinariamente de un tipo de gubernamentalidad a otro. Sin duda, en *Vigilar y castigar* y en cierto modo en *La voluntad de saber*, se ponía el acento en las tecnologías políticas —como la normalización disciplinaria y las regulaciones biopolíticas— quedando subordinadas a ellas las tecnologías del yo, como la autodisciplina, el examen de conciencia y la confesión. En *El uso de los placeres* y en *La inquietud de sí*, esta relación se invierte; la *askesis* practicada en las escuelas morales de la Antigüedad y entre los Padres del desierto mantenía una autonomía muy marcada respecto a los encuadramientos gubernamentales prevalecientes en esos periodos históricos. La historia de la ética cristiana, tal como se desprende de los análisis de Foucault, es el relato de una continua pugna —desde las múltiples corrientes del Cristianismo primitivo hasta la Reforma protestante pasan-

---

22. N. Rose: *Governing*, p. 228. Sobre el gobierno como punto de contacto entre técnicas de poder y técnicas del yo, cfr. G. Burchell: «Liberal Government», pp. 20, 26; N. Rose: *Powers*, pp. 43-45.

23. M. Dean: *Governmentality*, pp.12-13.

24. N. Rose: «The Politics of Life Itself», *Theory, Culture and Society*, 18 (2001), 6, p. 18.

do por las herejías y milenarismos y por el desarrollo de la mística en el otoño medieval— entre el énfasis en la askesis y en la hermenéutica de sí y la voluntad sistematizadora y epistemocéntrica ligada al auge de la teología dogmática y de las burocracias eclesiásticas.[25] El poder no sólo se ejerce mediante la sujeción, esto es, mediante la objetivación individualizada de los seres humanos; se asienta también en la subjetivación, merced a su capacidad de autoconstituirse como sujetos. En este empeño, las prácticas de libertad o técnicas del yo toman el relevo de las estrategias de gobierno.

Como se verá, las distintas formas de gubernamentalidad liberal, que insisten de modo variopinto en preservar la autonomía de los gobernados, conceden por ello una importancia primordial a las tecnologías del yo. En particular, y esto lo han explorado con extraordinario rigor autores como Nikolas Rose[26] y Barbara Cruikshank,[27] se constataría el modo en que las técnicas de poder asociadas a la gubernamentalidad neoliberal se coordinan con el recurso a una boyante y expansiva cultura psicoterapéutica. En este tipo de gobierno, que descansa máximamente en la exigencia de autorresponsabilidad, el solapamiento de la ética con la política alcanza una expresión extrema.

Piénsese, a título de ejemplo, en la siguiente manera de afrontar el problema del desempleo.[28] En vez de proporcionar al individuo en paro un subsidio estatal que ayude a su manutención, método que reduce su libertad al hacerlo dependiente del *Welfare*, se trata de asesorarlo y de subvencionarlo condicionalmente para que se responsabilice de su situación y llegue a ser un buen «empresario de sí mismo», un idóneo *job-seeker*, optimizando sus propios recursos personales en un universo laboral muy competitivo. Con este efecto se le facilitará la posibilidad de consumir servicios de reciclaje profesional, cursillos y terapias personalizadas para aumentar su autoestima, seguridad en sí mismo y capacidad de afrontar con éxito la obtención de un empleo (cómo presentar y hacer valer el propio currículum y la propia imagen,

---

25. M. Foucault: *L'Herméneutique du Sujet. Cours au Collège de France 1981-1982*, París, Gallimard, Seuil, 2001, pp. 28-29.

26. N. Rose: *Inventing*, pp. 95-97; N. Rose: *Governing*, pp. 249-258.

27. B. Cruikshank: «Revolutions within», p. 232.

28. M. Dean: *Governmentality*, pp. 160-161; N. Rose: *Inventing*, p. 160 y N. Rose: *Powers*, pp. 162-63.

cómo triunfar en una entrevista laboral, etc.). Estos servicios no son prestados por el Estado; el propio afectado podrá contratarlos en un mercado donde compiten agencias muy variadas (empresas privadas con subvenciones públicas o reducciones fiscales, empresas públicas apoyadas en subcontratas y en personal privado, empresas mixtas, etc.). En este escenario, la supervisión directa del Estado es sustituida por una «acción a distancia» que se apoya en el «cuidado de sí» practicado por individuos que buscan su potenciación (*empowerment*) personal.

Liberalismo y Gubernamentalidad

A la hora de dar cuenta de los rasgos generales de la gubernamentalidad liberal es necesario ubicar su emergencia en relación con otras modalidades preliberales de gobierno. Este asunto, afrontado por Foucault en diversas ocasiones, ha sido completado y sintetizado por Mitchell Dean en su obra *Governmentality. Power and Rule in Modern Society* (1999). Este texto servirá de viga maestra en el curso de esta exposición obligadamente sumaria.

Desde la perspectiva del análisis del gobierno, el liberalismo no es una ideología ni una doctrina política. Se trata de un modo reflexionado de conducir las conductas, de un arte de gobernar. Este arte implica ante todo una actitud, un *ethos* crítico que consiste en una desconfianza permanente respecto al poder ejercido por el Estado. ¿Cómo es posible gobernar con la máxima seguridad la dinámica del mercado, de las poblaciones y de la sociedad civil reduciendo al mínimo la acción estatal?[29] El gobierno liberal en este sentido es un gobierno de procesos (económicos, bio-

29. El curso impartido por Foucault en el Collège de France («Naissance de la Biopolitique»), correspondiente a 1978-1979, y donde se trata de la gubernamentalidad liberal y neoliberal, permanece inédito. El resumen se encuentra en M. Foucault: *Résumé des Cours 1970-1982*, *op. cit.*, pp. 109-122. Por otro lado, Colin Gordon ha sintetizado con mucha amplitud el contenido de este curso en C. Gordon: «Governmental Rationality», *op. cit.*, pp. 1-48. Esta preeminencia del *ethos* crítico, este carácter reflexivo de la gubernamentalidad liberal lleva a Nikolas Rose a cuestionar las tesis de Giddens y Scott Lash acerca de la modernidad reflexiva; la reflexividad no es una dimensión de nuestro tiempo, sino que se remonta a la emergencia del liberalismo (N. Rose: «Governing "advanced"», *op. cit.*, p. 47).

lógicos, civilizatorios) que nace con una crítica del gobierno «disposicional»[30] que había caracterizado a las formas de racionalidad política desplegadas entre los siglos XVI y XVIII. Éstas, más allá de sus diferencias (razón de Estado, Estado de «policía», mercantilismo, cameralismo), tenían en común el intento de reglamentar estatalmente y en cada detalle las acciones y los acontecimientos que tenían lugar en el territorio de un reino. El gobierno consistía en la adecuada disposición de los recursos —habitantes incluidos— de un territorio. El blanco de este poder no era la población, sino el «territorio», representado comúnmente a partir del modelo de la casa, de la familia. El soberano era el señor de su reino del mismo modo que el padre era el señor de su grupo de parentesco.

En este gobierno disposicional se daba una peculiar articulación de las tres grandes tecnologías políticas diferenciadas por Foucault: soberanía, disciplina y regulación.[31] En tanto poder regulador, estas formas de gubernamentalidad apuntaban a acrecentar el poderío y la riqueza del reino, optimizando sus recursos económicos, demográficos y militares. La población, en este punto, no era vista como una serie de procesos biológicos regulados por sus propias leyes internas (natalidad, mortalidad, morbilidad, etc.), sino que se identificaba con el número de habitantes disponibles —aquí se produce el despegue de procedimientos como los censos y el recuento estadístico. Pero estos mecanismos reguladores estaban en buena medida subordinados a una meticulosa reglamentación disciplinaria de todas las actividades (desde el comercio y las manufacturas a las formas de vestimenta y las costumbres sexuales y religiosas). A su vez, este ejercicio disciplinario se combinaba con la preeminencia de un poder de soberanía concentrado en el monarca, ejercido sobre sujetos jurídicos (los súbditos) y que funcionaba según una lógica negativa, por deducción de fuerzas (derecho de muerte, exacciones fiscales, confiscación de propiedades y haciendas, destierro, etc.).

---

30. La diferencia entre gobierno «disposicional», «procesual» y «reflexivo» en M. Dean: *Governmentality*, pp. 200-201.

31. Sobre las formas preliberales de gubernamentalidad, cfr. M. Dean: *Governmentality*, pp. 73-97. Dean completa los análisis de Foucault recurriendo a una constelación de trabajos parcial o completamente convergentes (Veyne, Peter Brown, Quentin Skinner, Gerhard Oestreich, Reinhard Koselleck, Pasquino, Norbert Elias, Albion Small).

El gobierno liberal surge críticamente en relación con este poder estatal excesivo y omnipresente. Su ámbito no es el *topos* geométrico del territorio sino el espacio profundo y tridimensional constituido por los procesos biológicos que conforman la «población», los procesos económicos que conforman la producción y el «mercado», y los procesos culturales y civilizatorios que componen la «sociedad civil». La población, el mercado y la sociedad civil, o la «sociedad» *tout court*, emergen en la grieta abierta por las críticas a un Estado desmesurado y ubicuo. El *laissez-faire* del liberalismo clásico no equivale a un abstencionismo gubernamental: el Estado debe adoptar las medidas necesarias para permitir que la economía, la población y la sociedad civil se autogobiernen a partir de su propia legalidad interna. Aquí se emplazan sin duda las reflexiones de Adam Smith y de Ricardo, de los ilustrados escoceses, de Malthus, Bentham y Chadwick, así como los programas de gobierno forjados al hilo de estos planteamientos.[32]

Este perfil del liberalismo como *ethos* crítico, y no como una ortodoxia, da cuenta también de su extremada variabilidad y maleabilidad. Más que una solución, el liberalismo es la formulación de un problema abierto a soluciones cambiantes: ¿cómo aminorar la presencia del Estado sin perturbar el adecuado autogobierno de los procesos? El grado de intervención estatal no obedece ya a un patrón fijo; depende de los riesgos implicados en la autorregulación de los procesos concernidos. En cualquier caso, el conocimiento riguroso de estos procesos es vital para evaluar estos riesgos. Por eso el nacimiento del liberalismo (economía, población, sociedad civil) está entrelazado con el nacimiento de las ciencias humanas (trabajo, vida, lenguaje).

El liberalismo clásico, como ya se ha indicado, identificaba la acción estatal con una tarea negativa: se trataba de eliminar los obstáculos que impedían el autogobierno espontáneo de los procesos sociales y de un tipo de individualidad concebido al modo de la Naturaleza. El *homo oeconomicus* reconocido era el individuo que elige libremente buscando la maximización de su interés; las leyes del mercado, de la población y de la sociedad son equiparadas a realidades naturales. El liberalismo clásico

32. Sobre la gubernamentalidad liberal clásica y el nacimiento de la biopolítica, cfr. M. Dean: *Governmentality*, pp. 98-123.

comenzó a ser reemplazado por otra modalidad de gobierno liberal —la gubernamentalidad social— cuando la filantropía y las ciencias sociales emergentes descubrieron la insuficiencia de las intervenciones negativas del *laissez faire* (la expansión del pauperismo, la degradación de la salud, el hacinamiento urbano, el aumento de los conflictos derivados de esas políticas) para garantizar la autorregulación eficaz de los procesos colectivos. Si se quería preservar la autonomía de las leyes del mercado, de la población, de la familia, de la sociedad civil, era necesario ampliar el margen y los métodos de la actuación estatal.

De este modo cristalizó un gobierno social[33] de espectro muy variopinto —desde el Estado bismarckiano hasta el *Welfare State* británico de la posguerra pasando por el *New Deal* estadounidense— que ponía en liza nuevas tecnologías de poder —desde la gestión de riesgos con métodos como los seguros sociales hasta la eugenesia—[34] y que ofrecía una nueva forma de subjetividad. El individuo por gobernar no era ya la realidad espontánea y natural del *Homo Oeconomicus*, sino un «ciudadano social», sujeto de necesidades (de salud, educación, vivienda, atención a la vejez, etc.) por cubrir. Si en el liberalismo clásico la evitación del riesgo era responsabilidad de este *homo oeconomicus* —de ahí la importancia de las estrategias de moralización, inculcando hábitos de ahorro, previsión e higiene entre los trabajadores—, en el gobierno social la cobertura de las necesidades descansaba en unos mecanismos de solidaridad o dependencia mutua —como el sistema de cotizaciones a la seguridad social. El individuo era gobernado a través de su enlace o dependencia respecto al conjunto de la sociedad.

El carácter abierto, polimorfo y experimental de las distintas formas de gobierno liberal explica también su ambivalencia y la presencia, en el núcleo mismo del liberalismo, de formas de gobierno no liberales. Como ya sucedía en el «gobierno disposicional», el «gobierno procesual» implica la coexistencia de la soberanía, la disciplina y la regulación. Pero la articulación de este triángulo ofrece aquí una configuración muy diferente. La soberanía ya no es patrimonio del rey; se encuentra democratizada,

---

33. Sobre el gobierno social y sus distintas formas, id., pp. 123-130.

34. Sobre el deslizamiento de las estrategias eugenésicas a las «aseguradoras» en relación con el gobierno de la familia, cfr. N. Rose: *Governing*, pp. 188-189.

repartida, bajo la forma de derechos políticos y jurídicos, entre toda la ciudadanía.

La preservación de esta autonomía política y jurídica se cuenta entre los imperativos del gobierno liberal. Pero al mismo tiempo, para ser reconocido como ciudadano libre y portador de derechos, el individuo debe mostrar su capacidad de elegir por sí mismo, debe exhibir su responsabilidad. En muchos individuos estas facultades naturales se encuentran deficientemente actualizadas (locos, vagabundos, delincuentes, prostitutas, enfermos, madres solteras, huérfanos, etc.). La normalización disciplinaria, emprendida principal aunque no exclusivamente en instituciones de encierro correccional (manicomios, cárceles, *workhouses*, fábricas-convento, escuelas dominicales, etc.), comporta precisamente la restauración del ciudadano responsable y del *homo oeconomicus* entre aquellos desnaturalizados que carecen de libertad o han abusado de ella. Por otro lado, existen etnias y pueblos inferiores incapaces de actuar como ciudadanos libres. En estos casos la gubernamentalidad liberal debe hacer un hueco a la tutela o al poder despótico. En esta línea de razonamiento, Stuart Mill optaba por incluir a las mujeres en el cómputo de la ciudadanía, pero excluía de ella a los indígenas de las posesiones británicas de ultramar, para los que reservaba la tutela colonial.[35]

Esta articulación difícil entre soberanía y disciplina permite entender la presencia de esos mecanismos no liberales en el corazón mismo del liberalismo. Algo semejante ocurre a la hora de coordinar las exigencias de la soberanía democrática con los imperativos de las regulaciones biopolíticas. La optimización y preservación de los procesos biológicos que afectan a las poblaciones pueden obligar, dentro de las formas de gubernamentalidad liberal, a introducir áreas o tiempos de suspensión en el ejercicio de la soberanía democrática. Ciertas alarmas circunstanciales —como las situaciones de conflicto bélico— o ciertos riesgos permanentes —aumento de la criminalidad, del desempleo, la pobreza, el terrorismo, la inmigración— pueden llevar al despliegue de estrategias reguladoras de cariz no liberal. Los ejemplos más resonantes proceden de las medidas de eugenesia e higiene racial (obligatoriedad de certificados mé-

35. Sobre la gubernamentalidad autoritaria y la presencia de componentes no liberales en el gobierno liberal, cfr. M. Dean: *Governmentality*, pp. 131-148.

dicos prenupciales, esterilización forzosa de vagos, maleantes y débiles mentales, restricción de uniones interétnicas, etc.) aplicadas en el seno de democracias liberales desarrolladas (Estados Unidos, Suecia).[36] Una ilustración más inquietante por reciente —no entrevista por Foucault ni por los anglofoucaultianos pero que hoy podemos reconocer— la ofrecen las políticas antiterroristas actuales a escala internacional.[37] La subordinación del biopoder a la soberanía (los terroristas deben ser inculpados y procesados con arreglo a las leyes) parece invertirse (el terrorista no es un sujeto jurídico sino un enemigo biológico que amenaza la vida de naciones enteras, por eso es legítimo bombardear a las poblaciones de los países en los que se refugian o cuyos Estados les ofrecen apoyo).

Esta existencia de componentes no liberales en el interior de tipos de gubernamentalidad liberal no es fortuita; responde, como se ha indicado, a la necesidad de vertebrar entre sí el poder de soberanía y las formas disciplinarias y reguladoras de biopoder. Por esta razón, y esto fue subrayado por Foucault, las innegables diferencias entre el gobierno liberal y las formas de gubernamentalidad autoritaria (donde la soberanía no reside en los ciudadanos sino en una hipóstasis colectiva como la «comunidad de sangre», el *Volk* nacionalsocialista o la «clase revolucionaria» en el stalinismo) no remiten a una inconmensurabilidad sustancial, sino a una distinción de grado, puesto que los mecanismos que operan en las segundas están ya presentes en el primero.

Llega ya el momento de referirse a las formas neoliberales o «liberales avanzadas» de gubernamentalidad.[38] Hay que decir de entrada que esta forma de gobierno no significa, como a veces se arguye, «el fin de lo social», sino que entraña otra manera de hacer, otro modo de gobernar los procesos colectivos.[39] Ciertamente, el punto de partida de esta alternativa —cuyas primeras

---

36. G. Broberg y N. Roll-Hansen (eds.): *Eugenics and the Welfare State: Sterilisation Policy in Denmark, Sweden, Norway and Finland*, East Lansing, Michigan State U.P., 1996 y N. Rose: «The Politics of Life Itself», *Theory, Culture and Society*, 18 (2001), 6, p. 4.

37. Cfr. Chomsky, N.: *11/09/2001*, Barcelona, RBA, 2001, pp. 23-28.

38. Cfr. M. Dean: *Governmentality*, pp. 149-175; N. Rose: «Governing "advanced" liberal democracies», pp. 37-64.

39. M. Dean, id., p. 193, quien prefiere hablar, siguiendo a Robert Castel, de «metamorfosis de lo social»; N. Rose: *Powers*, pp. 144-45, se refiere al discurso «neosocial» del neoliberalismo.

formulaciones teóricas se encuentran ya en torno a 1950— se emplaza en la «problematización» del «gobierno social» y en las críticas a su encarnación más extendida tras la Segunda Guerra Mundial: el *Welfarismo*.

Estas críticas[40] son de procedencia muy dispar; emanan de frentes que *prima facie* son mutuamente incompatibles. Todos ellos, sin embargo, convergen estratégicamente, siendo unificados *ex post facto* en una denuncia sistemática de los efectos deletéreos derivados de las políticas de bienestar en las esferas moral, política y económica. En esta oleada crítica se reconocen por una parte los achaques atribuidos por los pensadores propiamente neoliberales (Von Hayek, Von Rüstow y los llamados *Ordoliberalen* alemanes, los economistas de la escuela de Chicago) que cuestionaban tanto los costes económicos de las políticas keynesianas —conducentes a un endeudamiento del Estado y a una presión fiscal insostenibles— como el fomento de una cultura de la dependencia contraria a la iniciativa individual y las virtualidades autoritarias implicadas en un exceso de intervencionismo estatal.

Por otra parte, se hicieron notar las críticas neoconservadoras. Éstas acusaban al Estado del Bienestar de haber puesto en marcha unos sistemas de protección y seguridad social que interferían en la autoridad familiar y promovían una vida fácil, renuente ante el esfuerzo y el sacrificio, entregada al cultivo hedonista del yo y corrosiva para las jerarquías y valores tradicionales. Finalmente, hay que mencionar las críticas procedentes de los medios libertarios y del movimiento contracultural. En este caso se cuestionaba la rigidez y uniformidad burocrática del *Welfarismo*, que limitaban las potencialidades expresivas del yo, y se denunciaba la infiltración autoritaria de sus expertos (trabajadores sociales, médicos, psiquiatras) en el control moral de las vidas individuales.

La unificación de este frente crítico en un marco de propuestas concretas de actuación, culminó a finales de los años setenta y comienzos de los ochenta en una alternativa política triunfante, con los éxitos electorales de Margaret Thatcher en Gran Bretaña y de Ronald Reagan en Estados Unidos. No obstante, ins-

---

40. Sobre estas críticas, cfr. N. Rose: *Inventing*, pp. 164-65; N. Rose: *Governing*, pp. 132, 180-81, 208-213; N. Rose: *Powers*, pp. 139, 141; N. Rose: «Governing "advanced"», pp. 40, 51-53; M. Dean: *Governmentality*, pp. 55-59 y 153-155.

crita más allá de los límites de unas siglas políticas determinadas y con estrategias que fueron introduciéndose gradual y molecularmente desde tiempo atrás —v.g. en el ámbito de la organización del trabajo—, la gubernamentalidad liberal avanzada supone todo un nuevo modo de gestionar las conductas en ámbitos muy variados (política laboral, seguridad social, sistemas de salud, sistema educativo, política familiar, control de la inmigración y de la criminalidad, etc.), un arte de gobierno que hoy se ha expandido a escala mundial, más allá del cariz ideológico de los partidos instalados en la administración estatal.

Esta manera de pensar el gobierno presenta cierto perfil reconocible, aunque dista de consistir en ese «pensamiento único» que muchas versiones simplificadas quieren denunciar. Guarda una semejanza crucial con el liberalismo clásico: la crítica a las excesivas facultades atribuidas al Estado, el énfasis en un gobierno que proceda potenciando la autorregulación de los procesos gobernados (mercado, población, sociedad civil, familia, existencia individual). Ahora bien, la gubernamentalidad del liberalismo avanzado, surgida en un contexto muy diferente al del liberalismo clásico —éste emerge cuestionando las maneras del Estado de policía, aquél arraiga problematizando las formas del *Welfarismo*, que es una modalidad del gobierno liberal— responde también a un planteamiento muy distinto.[41]

El liberalismo clásico era vocacionalmente naturalista. El mercado autorregulado, la población y la sociedad civil autónomas, el *Homo Oeconomicus*, eran realidades cuasinaturales que se encontraban artificialmente constreñidas por el pesado reglamentarismo del Estado de policía. Gobernar era eliminar los obstáculos —v.g. las Leyes de Pobres en la Inglaterra de 1830— que impedían el libre fluir de estos procesos naturales. La perspectiva liberal avanzada —trátese de la variante de Von Hayek, de los *Ordoliberalen* alemanes o de la escuela de Chicago— posee un talante constructivista. El juego libre y competitivo del mercado, la autonomía de los individuos y de la sociedad civil, no constituyen un *Faktum* de la Naturaleza. Se trata de realidades progra-

---

41. Sobre las diferencias entre gobierno liberal clásico y liberal avanzado, además del mencionado curso de Foucault, «Naissance de la Biopolitique», se puede consultar a M. Dean: *Governmentality*, pp. 55-58, 155-156, A. Barry, T. Osborne, y N. Rose: «Introduction», p. 10 y G. Burchell: «Liberal government», pp. 22-26.

mables, que hay que fabricar. La libertad, como señala Von Hayek, «es un artefacto».

Se insinúa aquí un nuevo tipo de subjetividad que no coincide con la del *homo oeconomicus*. Éste era un individuo constituido por intereses naturales y preestablecidos (búsqueda del placer y evitación del dolor, maximización del beneficio personal, etc.). La elección era en él una respuesta espontánea a esos intereses dados. El individuo promovido por la gubernamentalidad neoliberal necesita, en cambio, ser fabricado. El interés en su propia realización personal, su capacidad de elección, sólo pueden brotar en un entorno adecuadamente programado. Se trata de convertir al individuo dependiente y necesitado, al «ciudadano social», ligado a la colectividad por mecanismos estatales de solidaridad (como el seguro social), en un individuo activo y autorresponsable, capaz de elegir por sí mismo y de sacarle el máximo partido a sus recursos personales en la búsqueda de un estilo de vida propio y singular. Se trata del sujeto como «empresario de sí».[42]

La gubernamentalidad liberal avanzada, en consonancia con este objetivo, tiende a reemplazar la tecnología de gestión de riesgos localizada en los vínculos colectivos (como el procedimiento de los seguros sociales o los métodos eugenésicos) por estrategias de autorresponsabilización.[43] La autonomía de los gobernados (individuos, familias, empresas, agencias estatales, asociaciones) se convierte a la vez en el instrumento y en el objetivo del gobierno. No se trata de la desaparición de la sociedad o del «fin de lo social», sino de una metamorfosis en el gobierno de lo social.

---

42. Sobre el «empresario de sí mismo» o «yo empresarial», cfr. N. Rose: *Inventing*, pp. 154 y 158; N. Rose: *Governing*, p. 230; N. Rose: *Powers*, pp. 142, 144, 156-58; N. Rose: «Governing "advanced"», p. 57; G. Burchell: «Liberal government», p. 29 y M. Dean: *Governmentality*, pp. 57 y 171.

43. Como ha mostrado Rose (N. Rose: «The Politics of Ilfe itself», *op. cit.*, pp. 1-30), el desarrollo de las nuevas tecnologías de la biomedicina y de la genética implica una reactivación de la eugenesia en el campo mismo del liberalismo avanzado. Pero esta eugenesia, frente a la tesis sostenida por Zygmunt Bauman y Giorgio Agamben, se asienta sobre una nacionalidad nueva. La eugenesia neoliberal no se justifica apelando a la supervivencia de una colectividad orgánica —la nación en pugna con otras naciones—, sino remitiéndose a los costes económicos derivados de las conductas disgénicas y a la obligación moral de hacerse cargo de la propia salud, en el contexto del «empresario de sí». Lo que ahora se considera «en riesgo» no es la población en su conjunto, sino —como ilustra el caso de la detección de constelaciones de genes con eventuales derivaciones patológicas— el individuo mismo.

La sociedad ya no es presentada como una fuente de necesidades (vivienda, empleo, salud, educación, vejez, etc.) por cubrir, sino como un potencial de energías, de actividad, por suscitar. Se trata de reinventar lo social incentivando la autogestión y autonomía de los individuos, los grupos, las asociaciones, los movimientos.[44] Se retoma entonces, modificándola, la utopía libertaria y contracultural del yo plenamente «liberado». Pero la libertad no se entiende como emancipación total, sino como autonomía responsable.[45] En esta nueva forma de gobierno, en la que, como ya puede advertirse, está muy presente el énfasis en las capacidades autocreativas y expresivas del sujeto, merece la pena destacar tres aspectos complementarios: la promoción de una cultura empresarial, la gestión por creación de mercados y el «Nuevo Prudencialismo».

Por una parte, la empresa se convierte en modelo de racionalidad para estructurar la propia vida. Este paradigma del yo como empresario que invierte en sí mismo recibe una de sus más nítidas formulaciones en la obra de Gary S. Becker, uno de los representantes más conspicuos de la escuela de Chicago. La exigencia de maximizar los recursos personales no significa, como puede parecer a simple vista, una exaltación del logro material y de la ganancia económica. Para enriquecer espiritualmente al propio yo, para obtener beneficio y equilibrio afectivos en la familia o en el trabajo, para dar forma a un estilo de vida auténticamente personal, es necesario hacer de la propia vida una vida de empresa. Un desempleado, por ejemplo, ya no será considerado «en paro», sino trabajando sobre sí mismo para aumentar su «empleabilidad».

Este *ethos* de la empresa[46] exige remodelar la existencia individual y las propias agencias que prestan servicios (sanitarios, educativos, atención a los mayores, vivienda, etc.) con arreglo a los valores de la iniciativa, la competitividad, el placer de asumir riesgos, la flexibilidad, la polivalencia. Lleva también a despla-

---

44. M. Dean: *Governmentality*, pp. 150-152 y 207-208; G. Burchel: «Liberal Government», p. 27; N. Rose: «Governing "advanced"», p. 56; N. Rose: *Powers*, pp. 161-166.

45. M. Dean: *Governmentality*, pp. 155 y 196.

46. Sobre el *ethos* de la empresa y la cultura empresarial, cfr. M. Dean: *Governmentality*, pp. 158, 162-63; N. Rose: *Inventing*, p. 151; N. Rose: *Powers*, pp. 156-158; G. Burchell: «Liberal government», pp. 27-29. Un *reader* muy útil es el de P. Heelas y P. Morris (eds.): *The Values of the Enterprise Culture: the moral debate*, Londres, Routledge, 1992.

zar el acento de las tareas de supervisión e inspección externas —con costosas burocracias especializadas en estos empeños— al autocontrol responsable, a la operacionalización contable de los resultados —v.g. en las agencias de salud y de educación no sólo se operacionaliza la rentabilidad económica, sino la rentabilidad propiamente sanitaria, escolar o académica de los servicios prestados—; de aquí deriva el éxito expansivo de las técnicas de auditoría y monitorización. Estos procedimientos permiten librar las ayudas estatales a los centros sanitarios o educativos y a los propios individuos (v.g. el desempleado o el solicitante de una vivienda), no como subsidios para atender a sus necesidades, sino como concesiones condicionadas a sus rendimientos y estipuladas según una forma contractual.[47]

El medio principal para extender esta cultura de empresa y fomentar la autonomía y la autorresponsabilidad es la creación artificial de mercados.[48] El Estado ya no gobierna directamente los procesos económicos, biológicos o culturales; se dedica a preservar el funcionamiento autónomo de los mercados ya existentes o a estimular la construcción de mercados allí donde no existen (v.g. en el ámbito de la salud, la educación, la atención a minusválidos y ancianos, e incluso la policía, las prisiones y el ejército), facilitando de este modo la libre circulación de los flujos de bienes y servicios a escala mundial. No se trata de privatizar las agencias públicas, sino de «dinamizarlas» haciéndolas funcionar a la manera de un mercado. Los servicios son descentralizados y dotados de autonomía financiera y de gestión. Las subvenciones lineales y la planificación unificada y burocrática son reemplazadas por la generalización de la forma contractual y la autoprogramación.

El servicio prestado no se subordina a la autoridad paternalista y profesional del experto que lo expide; está centrado en el

47. Un *best-seller* recomendado por Bill Clinton, situado en la estela de los análisis de la «gobernanza» y donde se efectúa una apología y un minucioso recorrido por esta expansión de la cultura empresarial al gobierno de las agencias estatales, es el texto de D. Osborne y T. Gaebler: *Reinventing Government. How the Entrepreneurial Spirit is Transforming the Public Sector*, Nueva York, Penguin Books, 1993. Sus autores designan esta revolución en el gobierno como una «American *Perestroika*», pp. 1-25.

48. M. Dean: *Governmentality*, pp. 149, 158-161, 173, 193, 207; N. Rose: *Powers*, pp. 146-155; N. Rose: «Governing "advanced"», pp. 52-56; G. Burchell: «Liberal Government», pp. 26-28.

cliente. Donde antes existían pacientes por cuidar, estudiantes por educar, minusválidos por asistir o ciudadanos por proteger, ahora sólo quedan clientes, consumidores de servicios cuyas demandas deben ser atendidas de forma personalizada. El ciudadano social, atendido por una tupida red de dependencias colectivas, es sustituido por el consumidor libre y responsable que satisface sus necesidades acudiendo a un mercado. Los bienes y servicios así obtenidos ganan en significado expresivo, porque ya no son distribuidos de modo estandarizado y lineal, sino que obedecen a las elecciones personales de un consumidor que los convierte así en manifestaciones de un «yo» y de un estilo de vida únicos e irrepetibles.

Este gobierno por creación de mercados rompe también las fronteras clásicas entre lo público y lo privado. Las agencias que participan en estos mercados no se pueden localizar unívocamente en uno u otro enclave: empresas de asistencia social de carácter privado que dependen de subvenciones públicas; organismos de propiedad pública gestionados por personal de empresas privadas; entidades mixtas que concentran contratos públicos y contratos privados, etc.

En esta conducción de conductas asentada en la fabricación y estímulo de mercados se advierte además una verdadera revolución en el arte de gobernar. Las gubernamentalidades liberales —como la liberal clásica o la social— consistían en un gobierno de procesos (económicos, biológicos, culturales); el Estado gestionaba esos procesos actuando para conseguir una autorregulación óptima de los mismos, aminorando sus riesgos. La gubernamentalidad liberal avanzada no opera ya sobre la economía, los avatares biológicos de la población o la vida asociativa que articula la sociedad civil. Estos procesos están ahora regidos por sí mismos; su coordinación se efectúa a través de la lógica competitiva de una creciente constelación de mercados.

El Estado ya no actúa sobre los procesos mismos, sino sobre los mecanismos que los gobiernan, esto es, sobre los mercados artificialmente construidos, garantizando su buen funcionamiento. Esto es lo que Mitchell Dean ha denominado «gobierno reflexivo», contrapuesto al «gobierno de procesos»; la gestión ya no concierne a la vida, a la producción, a la cultura, sino a los propios dispositivos diseñados para gobernarla. Se pasa entonces de una gubernamentalización creciente del Estado —entre el liberalismo clásico y el *Welfare State*— a una gubernamentalización del gobierno mismo.[49]

El tercer aspecto destacable en esta gubernamentalización liberal avanzada es lo que se ha designado como «Nuevo Prudencialismo»[50]. Éste responde a un trastocamiento en los mecanismos de gestión de riesgos que habían caracterizado al régimen *welfarista*. En él, el gobierno de los riesgos estaba implantado en la red de dependencias que ligaban al ciudadano social con la colectividad y cuya forma emblemática es el sistema de cotizaciones a la seguridad social, que permite prevenir la enfermedad, el desempleo, la siniestralidad, entre otras eventualidades. Este procedimiento tiende cada vez más a ser reemplazado por la autorresponsabilidad. El individuo ha de hacerse cargo de prevenir sus infortunios contratando los servicios pertinentes en un mercado: fondos de pensiones, compañías sanitarias, seguros de accidente, centros escolares, sistemas de vigilancia. El sujeto debe desarrollar conductas de cálculo, autodisciplina y previsión, debe ser prudente en relación con su salud corporal y mental, con su futuro laboral y el de su descendencia, con su seguridad particular, etc.

Aparentemente, se trata de una reedición del viejo prudencialismo decimonónico, cuando la filantropía y las instituciones correccionales trataban de inculcar en las clases trabajadoras las virtudes del ahorro, la sobriedad y la anticipación calculada de las incertidumbres venideras. Pero la economía de los riesgos no es la misma. En la sociedad industrial —y aquí Mitchell Dean adapta algunos argumentos de U. Beck— los riesgos concernían principalmente a las clases populares.[51] Actualmente, la mundialización de los peligros medioambientales, el fin de las perspectivas de pleno empleo y la tendencia a debilitar los mecanismos aseguradores del Estado del Bienestar, han expandido el riesgo a todos y a cada uno.

---

49. M. Dean: *Governmentality*, pp. 176-197.

50. Este concepto ha sido introducido por los trabajos de P. O'Malley: «Risk, power and crime prevention», *Economy and Society*, 21 (1992) 3, pp. 283-299 y P. O'Malley: «Risk and responsability» en *Foucault and Political Reason*, *op. cit.*, pp. 189-208. Los trabajos de Mitchell Dean y Nikolas Rose hacen un amplio uso de esta noción.

51. M. Dean: *Governmentality*, pp. 177-181 y M. Dean: «Foucault, government», *op. cit.*, pp. 203-204.

Por otra parte, el propio concepto de riesgo ha cambiado de estatuto y de valoración. Ya no es tanto una amenaza[52] susceptible de ser minimizada por la ingeniería social como una oportunidad para cultivar el *ethos* empresarial, movilizar las energías de la sociedad, crecer interiormente, potenciar la responsabilidad de los individuos, abrir nuevos mercados y posibilidades para la creación de riqueza y la multiplicación de los estilos de vida personalizados. En este aspecto, gobernar los riesgos no es tanto prevenirlos o reducirlos como administrarlos.

Este imperativo de hacer responsables a los individuos de su propia existencia y de sus avatares, de fabricarse a uno mismo como consumidor potenciando la propia autoestima y el modelado de una vida de «calidad», pone en primer plano a las tecnologías del yo. El gobierno liberal avanzado es sobre todo un gobierno por subjetivación, que se apoya en las prácticas habilitadas por los propios individuos para formarse a sí mismos como sujetos de conducta moral. La política, entonces, remite a la ética y ésta pasa hoy por el recurso al lenguaje y a las técnicas psicoterapéuticas que proporcionan narrativas de «vida buena».

Gobierno del Yo y Tecnologías «Psi»

Si en la topografía de las formas de gubernamentalidad se adoptó un texto de Mitchell Dean —donde se completaban y sistematizaban las reflexiones del propio Foucault— como hilo conductor, en la exploración que sigue a propósito de los vínculos que unen al gobierno liberal avanzado con las tecnologías «psi» se seguirán de cerca los hallazgos de Nikolas Rose.

Desde su tesis doctoral,[53] este autor se ha emplazado bajo la sombra del paraguas conceptual foucaultiano, pero dotándolo de un acento muy original y tomando como frente privilegiado el análisis de los lenguajes y de las técnicas «psi» —en el más amplio sentido del término, como se verá— entendidos al modo

---

52. Criticando a este respecto la tesis de Daniel Bell, Rose (N. Rose: *Inventing*, pp. 157-159) muestra la actual complementariedad entre las exigencias de la ética de empresa y el hedonismo de la ética terapéutica; el papel del experto consiste precisamente en intentar armonizar ambas en un mismo yo.

53. N. Rose: *The Psychological Complex: Politics, Psychology and Society in England 1869-1939*, Londres, Routledge and P. Kegan, 1985.

de articulaciones entre las artes de gobierno y las prácticas de libertad. Se forja así una trayectoria que parte de la genealogía del complejo «psi» desde la Segunda Guerra Mundial —dentro de una geografía principalmente británica y en parte norteamericana—, continúa examinando los contornos del actual régimen del yo promovido por las psicociencias y desemboca en una genealogía de la libertad, esto es, de las prácticas que la conforman como elemento crucial del gobierno neoliberal. *Governing the Soul. The shaping of the private Self* (1989, 1999 2.ª ed.), *Inventing Our Selves. Psychology, Power and Personhood* (1996) y *Powers of Freedom. Reframing Political Thought* (1999) constituyen la imprescindible trilogía en la que se escalona el proyecto de Rose.

El análisis arqueológico y genealógico de los saberes «psi» es un hito eminente en el itinerario de Foucault. Sin embargo, éste tendió a afrontar esta trama de prácticas y de discursos desde el esquema de la «normalización disciplinaria», dejando en un relativo segundo plano el nexo de las modernas psicoterapias con los regímenes de gubernamentalidad. Los trabajos de Rose vienen a completar, en cierto modo, esta laguna del periplo foucaultiano.

Este autor británico, junto a otros colaboradores de la *History of the Present Network*, no se aproxima al complejo «psi» interrogándose por la validez o falsedad de sus teorías; su enclave no es el de una «analítica de la verdad», sino el de una «ontología de la actualidad», retomando una clásica distinción foucaultiana. No se trata de una perspectiva epistemológica, sino más bien tecnológica; el ámbito de lo «psi» es cuestionado en términos de «peritaje».[54] Tanto los procedimientos (desde el test de inteligencia a las psicoterapias autobiográficas y bioenergéticas pasando por los sociogramas y las escalas de aptitudes) como los discursos (conceptos, teorías, modelos, explicaciones, etc.) son considerados como tecnologías, formas de hacer que hacen inteligible la realidad al tiempo que la conducen de cierta manera. A diferencia de los lenguajes y de los métodos que permiten poner en órbita a un satélite o producir la fisión nuclear, se está ante «tecnologías de lo humano»,[55] que apuntan a la conducción de las personas.

---

54. N. Rose: *Inventing*, pp. 11, 54, 62, 65, 86-87.
55. Id., p. 121, 152 y N. Rose: *Governing the Soul*, p. VIII.

Por otro lado, esta perspectiva implica que no existe una única cultura «psi» y mucho menos una única «cultura de expertos». No se está aquí frente a un bloque monolítico, sino ante un variopinto menú que se transforma tanto en relación con los cambios en las formas de gubernamentalidad como dentro de una misma racionalidad gubernamental.[56] Abordadas como modos de conducir la conducta de los otros y de uno mismo, las tecnologías «psi» emergen desde mediados del siglo XIX[57] dejándose ver tanto en gubernamentalidades liberales como no liberales; en la propaganda y en la organización de los recursos humanos por los ejércitos aliados; en el *management* de las grandes corporaciones multinacionales durante la Guerra Fría; en la escuela republicana y en la pedagogía libertaria; en la gestión de campos de concentración; en la reeducación de disidentes políticos; en los teléfonos de ayuda y en las telenovelas. Esta extraordinaria maleabilidad, pluralidad y porosidad ha convertido a estas tecnologías en una instancia omnipresente y esparcida más allá de los laboratorios, las revistas especializadas y los departamentos universitarios, dotando al ejercicio de la autoridad, gracias a ellas, de un perfil ético.

Conviene entonces establecer una clara demarcación entre esta lectura genealógica del complejo «psi» y otras lecturas que sugieren una crítica radical y «progresista» de las «redes de la psicología». Estas otras versiones no son desmentidas o refutadas, sino consideradas como verdades parciales e inscritas dentro del propio proceso cuya genealogía misma se trata de trazar. La mayoría de estas críticas conocieron su *acmé* en las décadas de los sesenta y setenta, algunas se remitían incluso a argumentos del propio Foucault, y tienen que ser inscritas en esa avalancha de críticas —de signo político muy dispar— que problematizaron al «gobierno social» característico del *welfarismo*. Libertarios, ultraliberales, comunitaristas, feministas, marxistas

---

56. N. Rose: *Inventing*, pp. 59-60, 65; N. Rose: *Governing the Soul*, pp. 10, 63, 251, 261.

57. Rose sitúa el punto de partida de las tecnologías «psi» recurriendo a un argumento presentado en *Vigilar y Castigar*: el nacimiento y difusión de estos procedimientos está ligado a una inversión en los procesos de individualización; de servir como homenaje y realce de los que ejercen el poder (crónicas, retratos, biografías, epopeyas, etc.) a centrarse en la sujeción de los gobernados (expedientes académicos, casos clínicos, historiales delictivos, hojas de servicios, currículum laboral, etc.). Cfr. N. Rose: *Inventing*, pp. 19 y 73-74 y N. Rose: *Governing the Soul*, p. 135.

y otras variedades del escenario político se encontraron en una misma recusación de la «tiranía de los expertos» y más específicamente de los poderes discrecionales ejercidos por trabajadores sociales, psicoanalistas, terapeutas ocupacionales, psiquiatras, pedagogos, consejeros matrimoniales, avalados por un discurso sobre el «yo» concebido como interioridad psíquica.

Buena parte de estas alternativas contemplaba este discurso como una ideología[58] legitimadora de intereses de clase, de género o simplemente profesionales, advirtiendo al público ante el creciente poder de una minoría tecnocrática que pretendía monopolizar el saber y el poder sobre las «almas».[59] Una modalidad teóricamente más elaborada de este argumento es la tesis habermasiana acerca de la colonización ejercida por este saber experto sobre los procesos comunicativos que vertebran el mundo de la vida. Este saber responde a exigencias sistémicas (burocracias estatales, instituciones del capitalismo avanzado, etc.) y obedece a la lógica de la razón instrumental, pretendiendo sustituir las esferas públicas y democráticas de decisión (donde rigen la interacción comunicativa y el saber práctico) por la ingeniería social (donde impera la acción racional con arreglo a fines y la técnica suplanta a la práctica). Al mismo tiempo, los problemas sociales, que apelan a intervenciones políticas, quedan convertidos en problemas puramente técnicos.[60] En la variante de Bourdieu, se estaría ante un ejercicio de violencia simbólica por el que unas clases o fracciones de clase (la «Nueva Pequeña Burguesía») apuntan a imponer cierto *ethos*, cierto modo de «ser en el mundo» como el único legítimo.[61]

Otras interpretaciones insisten en reconocer a los saberes y expertos «psi» como instrumentos de normalización y de control

---

58. Sobre el cuestionamiento de la psicología en términos de crítica de las ideologías, cfr. N. Rose: *Inventing*, pp. 80, 113, 149; N. Rose: *Governing the Soul*, p. XIII.

59. Sobre las críticas al poder de los expertos en el régimen welfarista, cfr. N. Rose: «Governing "advanced"», pp. 52-53.

60. Este punto de vista aparece ejemplarmente expuesto en dos textos de Habermas: «Ciencia y Técnica como ideología» y «Progreso técnico y mundo social de la vida» en *Ciencia y Técnica como «ideología»*, Madrid, Tecnos, 1994, pp. 53-112 y 113-130, respectivamente. Sobre el «narcisismo» contemporáneo como resultado del conflicto entre «integración social sistémica» e «integración social comunicativa», cfr. J. Habermas: *Teoría de la Acción Comunicativa I*, Madrid, Taurus, 1989, pp. 435-437. Críticas a esta visión en N. Rose: «Governing "advanced"», pp. 12-13; N. Rose: *Governing the Soul*, pp. XXI-XXII y 312 not. 7; N. Rose: *Powers*, p. 18.

61. N. Rose: *Governing the Soul*, pp. 259-260.

social, bien concentrados en un Estado que sojuzga la libre decisión individual —aquí se reconoce el alegato liberal, a lo Szasz o a lo Savater, contra el «Estado terapéutico»—,[62] bien diseminados en el espacio de lo cotidiano y empeñados en la producción del «individuo moderno» y de la «sociedad disciplinaria» —aquí se advierte la presencia de un cierto Foucault y de un cierto foucaultismo vulgar. No muy alejada de estas opciones se encuentra la recusación, con ciertos tintes heideggerianos, que apela a la pérdida de «autenticidad», a la uniformidad tecnocrática[63] y a la muerte del «aura» generadas por la normalización «psi»; o la denuncia comunitarista, bien ejemplificada por Taylor, que teme el reemplazo de las asociaciones naturales y originarias por la artificialidad de esos nuevos espacios fundados en una sociabilidad terapéutica.

Por último, hay que mencionar las lecturas que identifican el auge de las prácticas «psi» con el síntoma de una totalidad cultural o de un proceso histórico-social subyacente y triunfante, trátese de la «cultura del narcisismo» (Rieff, Lasch, Sennett, Lipovetsky)[64] o de la «cultura del yo» que caracteriza a la modernidad tardía (Giddens, Beck).[65]

En los ensayos genealógicos de Rose y de otros colaboradores de su círculo, las tecnologías «psi» no vienen a reprimir una libertad primigenia; no instauran controles sobre una espontaneidad activa y originaria. Más bien intervienen produciendo agentes y ámbitos de acción: tipos de subjetividad, formas de placer y saber, escenarios de relaciones posibles. Un buen ejemplo lo suministra el excelente análisis de Rose a propósito de la

62. Sobre la tesis del Estado «psi» y de los psicólogos como una suerte de «policía del alma» y «siervos del Estado», cfr. N. Rose: *Governing the Soul*, pp. XXI y 261. Sobre el poder «psi» como legitimador del orden patriarcal, id., pp. 125-128.

63. Sobre la «tecnofobia» frankfurtiana y heideggeriana, cfr. N. Rose: *Inventing*, pp. 54 y 200 y N. Rose: *Powers*, p. 54 y A. Barry, T. Osborne y N. Rose: «Introduction», p. 12.

64. Críticas a los análisis de de las técnicas «psi» en clave de cultura del «narcisismo» en N. Rose: *Inventing*, pp. 46-47, 97, 156; N. Rose: *Governing the Soul*, pp. 219-221 y N. Rose: *Powers*, p. 93.

65. N. Rose: *Inventing*, pp. 81, 97. M. Dean: «Foucault, Government», p. 225, se ha referido por su parte críticamente al nexo misterioso que los sociólogos de la modernidad (Lasch, Giddens, Beck) establecen entre procesos sociales y rasgos de la identidad. Sobre la superior fecundidad de los análisis de Rose en relación con los de Giddens a propósito de las «psicociencias», cfr. M. Dean: *Critical and Effective Histories. Foucault's Methods and Historical Sociology*, Londres, Routledge, 1994, pp. 211-212.

genealogía del «trabajador contento».[66] Todo el proyecto fundacional de la psicología de empresa —impulsada desde la década de los veinte— y de la terapia ocupacional surgen a partir de una problematización de la conducción del trabajo en las grandes compañías: ¿cómo es posible hacer que la mano de obra sea máximamente rentable para la firma implicando a la vez la máxima ganancia en autoestima, creatividad y enriquecimiento interior en los componentes de la fuerza de trabajo?

La crítica de las ideologías se ha inclinado a ver este proceso como la construcción de una conciencia alienada, donde el psicólogo y el *manager* de recursos humanos actuaban como instrumentos legitimadores de la explotación capitalista. Para el genealogista, el «trabajador contento» no es una individualidad vicaria sobreimpuesta sobre un sujeto originariamente libre. Es un artefacto que ha permitido convertir a la subjetividad del trabajador, otrora un obstáculo que había que normalizar y ajustar disciplinariamente a la rutina laboral, en un instrumento alineado con las metas de la empresa, de la economía nacional y en último término del flujo mundial de capitales. Es, asimismo, el resultado de un prolongado trayecto histórico cuyas etapas se empeña en diferenciar Rose con toda meticulosidad.

De la ética protestante del trabajo como abnegación que todavía inviste a los primeros estudios «psi» (según el modelo psicofisiológico novecentista de la máquina eficiente cuyas constantes funcionales deben adaptarse al ritmo laboral) se pasa en los años cuarenta y cincuenta a la ética social del productor protegido y entrelazado con las actitudes del «grupo» (modelo psicosociológico y psicodinámico) y desde esta etapa —en un recorrido que es obligado simplificar aquí— se transita hacia el operario-empresario («employees into entrepreneurs» señala Rose en otro lugar),[67] potenciado en sus cualidades empáticas y emocionales, en busca del crecimiento interior, amante del riesgo, creativo, polivalente, deportivo y competitivo, producido por el «management de excelencia» (inspirado en modelos psicoterapéuticos humanistas como el de Carl Rogers, «centrado en el cliente»).

Las impugnaciones contraculturales, ultraliberales y comunitaristas del *Welfarismo* achacaban a la cultura de los expertos,

---

66. N. Rose: *Governing the Soul*, pp. 55-122.
67. N. Rose: *Powers*, pp. 156-158.

y en particular a la cultura «psi», el artificialismo esotérico y tecnicista de su retórica, indicio irrefutable de su complicidad con el autoritarismo paternalista y con la tendencia a monopolizar el saber característica de los «profesionales». Éstos eran a menudo presentados como nuevos «sacerdotes» o «policías» del alma, celosos de su jerga para iniciados con la que desposeían a los ciudadanos —rebajados a la condición de meros objetos, de «pacientes» o «menores»— de toda responsabilidad y capacidad de autodeterminación.

Frente a este cuadro sombrío, Rose muestra con profusión de ejemplos lo que él llama «la generosidad psi».[68] El lenguaje y las técnicas «psi» —con un vocabulario en continua mudanza de vestimenta, ora referido a «manías», «estigmas degenerativos», «taras», «psicosis», «complejos», «inadaptaciones», «inmadurez», «traumas», «depresiones», «disfunciones», «faltas de motivación», «pérdidas de autoestima», «carencias afectivas» o «deficiente calidad de vida»— han tenido desde sus inicios una neta vocación social, que les ha llevado a desparramarse más allá de los cotos académicos. El ejército, la vida laboral, los cuidados de la infancia, las relaciones familiares, la sexualidad, las prisiones, las salas de justicia, las galerías comerciales, los tanatorios, los hospitales, la publicidad, los medios de transporte, la opinión pública, el entretenimiento, la decoración, el cuidado del cuerpo y el estilo de vida; todos estos escenarios y otros muchos se encuentran hoy impregnados por unas prácticas y unos discursos «psi» que en la mayoría de los casos no son protagonizados por expertos, sino aplicados por los ciudadanos para entender y dirigir sus propias vidas. A través de esta coordinación entre los objetivos globales de la conducción neoliberal y el funcionamiento, encastrado en la propia libertad individual, de las tecnologías «psi», se consuma una verdadera revolución en el arte de gobernar. Se entiende desde entonces, invirtiendo el lema postsesentayochista, que «todo lo político es personal».

---

68. N. Rose: *Inventing*, pp. 33-34 y 86-87; *Governing the soul*, p. 264 y *Powers*, p. 91.

«LA ABSTRACTA DESNUDEZ DE SER ÚNICAMENTE HUMANO». RACISMO Y BIOPOLÍTICA EN HANNAH ARENDT Y MICHEL FOUCAULT

Francisco Ortega

El objetivo de este artículo es un análisis comparativo de las reflexiones de Hannah Arendt y Michel Foucault sobre el racismo y la biopolítica. Arendt defiende una tesis de discontinuidad entre el pensamiento de raza, el racismo del siglo XIX y el racismo nazi, mientras que Foucault presenta una tesis de continuidad en su genealogía del racismo. La adopción de una perspectiva biopolítica en la lectura de ambos autores nos permite una visión de continuidad en la genealogía del racismo.

En *Los Orígenes del Totalitarismo,* Hannah Arendt localiza el totalitarismo —junto con el antisemitismo, la decadencia del Estado-Nación, la expansión en nombre de la expansión, la alianza entre el capital y las masas—[1] entre los «elementos» que «cristalizaron» en la experiencia totalitaria.[2] En la segunda parte del libro, sobre el Imperialismo, Arendt realiza una genealogía del racismo que se divide en dos partes. La primera parte examina el nacimiento de un pensamiento de raza en Europa, al cual no le correspondía una práctica racista (el título del capítulo es precisamente «Pensamiento de raza antes del racismo»). La segunda parte analiza el surgimiento del racismo en la experiencia del imperialismo colonial decimonónico, fruto del encuentro con el «otro», el negro africano.

---

1. Ver Hannah Arendt, «Outline: The Elements of Shame: Antisemitism – Imperialism and Racism (1946)», citado por Margareth Canovan, *Hannah Arendt, A Reinterpretation of Her Political Thought*, Cambridge, Cambridge University Press, 1992, p. 28.
2. Arendt, «A Reply to Eric Voegelin», *Essays in Understanding 1930-1954*, Nueva York, Harcourt Brace & Company, p. 403.

Arendt sitúa el nacimiento del pensamiento de raza en la figura del conde de Boulainvilliers, en la Francia del siglo XVIII, como un arma de la nobleza en pugna con la burguesía. Negando un origen genealógico común y afirmando el origen germánico de la nobleza, Boulainvilliers postulaba una división originaria de Francia en dos naciones en conflicto, en guerra civil permanente, nobleza y burguesía, reclamando la primacía y la superioridad incontestable de la nobleza. Para eso fue necesario reescribir la historia de Francia en términos de la conquista y el dominio de una nación de origen germánico, la nobleza, sobre los habitantes originarios y presentarla como una alternativa viable a la nueva idea de nación representada por la alianza de la monarquía absoluta y del *Tiers Etat*.[3]

Boulainvilliers encuentra un sucesor en el siglo XIX en la figura del conde de Gobineau, autor del *Ensayo sobre la desigualdad de las razas humanas*, publicado en 1853, pero que va a ejercer influencia al final del siglo. Gobineau incorporó las tesis de Boulainvilliers sobre el origen del pueblo francés. Arendt describe a Gobineau como una «mezcla curiosa de noble frustrado y de intelectual romántico» que había inventado el racismo «casi por accidente».[4] A pesar de no proponer un concepto de raza estrictamente biológico, Gobineau defendía una ideología que justificaba la superioridad de una raza concebida en términos de sangre. La decadencia de la civilización se debería a una degeneración de la raza provocada por la mezcla de sangre.[5]

Otra fuente del pensamiento racista se encuentra en la crítica de los «derechos del hombre» en nombre de los «derechos de los ingleses» (*rights of Englishmen*) en el pensamiento inglés, iniciada por Edmund Burke. Tanto Gobineau y sus seguidores, Taine y Renan, como Burke eran críticos de los ideales universalistas y fraternales de la Revolución Francesa. El concepto de «transmisión por herencia» (*entailed inheritance*) proporciona el peculiar «toque» de «sentimiento de raza» (*race feeling*) al pensamiento nacionalista inglés, que será alimentado

---

3. Ver Arendt, *The Origins of Totalitarianism* (abreviado: OT), Nueva York, Harcourt Brace & Company, 1979, pp. 161-165.
4. OT, p. 172.
5. Ver OT, pp. 170-175; Tzvetan Todorov, *On Human Diversity. Nationalism, Racism, and Exoticism in French Thought*, Cambridge, Massachusetts, Harvard University Press, 1994, pp. 129-140.

en el siglo XIX por el seudodarwinismo social, y posteriormente por la eugenesia.

Arendt también constata que el racismo en Alemania, promovido por las clases medias como medio de legitimación frente a la nobleza, no tenía como objetivo la disociación y la guerra civil con Francia, sino la unidad nacional, despertando una conciencia nacional y un origen común, haciendo corresponder el pueblo alemán con la raza alemana. Arendt defiende la tesis de que hasta finales del siglo XIX el pensamiento de raza no se encuentra vinculado a una práctica racista asesina. Constituye, al contrario, «una de las muchas opiniones libres en el contexto general del liberalismo en conflicto para obtener la aprobación de la opinión pública».[6]

Con su «disputa por África» (*scramble for Africa*) el imperialismo posibilita la vinculación entre una teoría racista y una práctica racista y homicida. Curiosamente, Arendt no menciona la conquista de América por los españoles, que aplicaron prácticas racistas y genocidas que anticipan en varios siglos el racismo imperialista decimonónico. El encuentro con el «otro» en América, análogamente al imperialismo del siglo XIX, ejerció también una influencia fundamental en el pensamiento y en la conciencia europea moderna y en el fundamentalismo religioso español de la Contrarreforma, en su apelación a la «pureza de sangre» contra los judíos y musulmanes conversos.[7] Esos acontecimientos contrariarían la tesis arendtiana de la inexistencia de prácticas racistas antes del imperialismo colonial. Para Arendt, el racismo es la única «explicación» y disculpa posible para el Imperialismo y como el «pensamiento de raza ya existía, resultó ser una ayuda poderosa para el racismo».[8]

Arendt enfatiza que el antinacionalismo acompaña con frecuencia a las teorías racistas, y que el racismo se presenta como una alternativa al nacionalismo. Su explicación del imperialismo se basa en el carácter antinacionalista del racismo, pues fren-

---

6. OT, p. 159.

7. Ver Zvetan Todorov, *The Conquest of America: The Question of the Other*, Nueva York, Harper and Row, 1982; Marina Cedronio, *Hannah Arendt: Politique et Histoire. La démocratie en danger*, París, L'Harmattan, 1999, pp. 83-84; Seyla Benhabib, *The Reluctant Modernism of Hannah Arendt*, Thousand Oaks, California, Sage Publications, 1996, p. 99.

8. OT, p. 184.

te a los lazos nacionales, ligados a un territorio y a una cultura común, la raza, término biológico, está dislocada del territorio y de la cultura y se encuentra vinculada a características fisiológicas. El desarraigo evocado por la idea de raza era coherente con el ideal de la expansión sin límites promovida por el imperialismo, proporcionando una base biológica para la comunidad, que hizo redundar la ciudadanía, así como una justificativa para la conquista, esclavitud y exterminio de las poblaciones nativas. Al mismo tiempo, Arendt concibe el racismo como una reacción espontánea y comprensible de los europeos confrontados con los salvajes:

> La raza fue la explicación de urgencia para los seres humanos que ningún europeo podía comprender y cuya humanidad tanto asustaba y humillaba a los emigrantes que no se preocupaban más de pertenecer a la misma especie humana. La raza es la respuesta de los Boers para la abrumadora monstruosidad de África —un continente entero poblado y superpoblado por salvajes—, una explicación de la locura que los tomaba e iluminaba como «un brillo de relámpago en un cielo tranquilo: exterminen todos los brutos».[9]

El racismo aparece como la única respuesta posible ante la aparente falta de humanidad de los negros africanos, de su condición de «nuda vida», desprovistos de cualquier característica humana. En la «base» y «disculpa» del racismo se encontraría la propia experiencia, «una experiencia aterradora de algo extraño más allá de nuestra imaginación o comprensión. De hecho, era tentador declarar simplemente que no eran seres humanos».[10] La descripción arendtiana del racismo, basada en gran parte en el libro de Joseph Conrad *El corazón de las tinieblas*, provocó fuertes acusaciones de etnocentrismo entre los comentadores de su obra.[11] Concentrándose en la óptica de los colonizadores, en

---

9. OT, p. 185. La cita dentro de la cita de Arendt pertenece a la novela de Joseph Conrad *El corazón de las tinieblas*.

10. OT, p. 195.

11. George Kateb (Ver *Hannah Arendt. Politics, Conscience, Evil*, Totowa, Rowman & Allanheld, 1984, pp. 61-63) se refiere a la «cualidad indigesta» de los análisis arendtianos del racismo europeo antiafricano, cualificados de «desconcertantes en un grado fuera de lo común» (*upsetting to an unusual degree*), concluyendo que «en ningún otro lugar de su obra arrisca tanto como en su

su percepción subjetiva para describir el racismo, Arendt pretendía, no obstante, analizar la influencia del encuentro con el «otro» sobre la *psique*, la identidad, las costumbres y la moral de los europeos, cuya consecuencia sería el racismo reimportado para Europa, creando el «corazón de las tinieblas» en Europa.

El interés de Arendt era mostrar precisamente la correlación entre las experiencias en el «continente negro» y el «corazón de las tinieblas» en el viejo continente.[12] La experiencia colonial repercute en la recodificación del pensamiento de raza ya existente en Europa, ejerciendo una influencia sobre el racismo practicado en la Alemania nazi. Sin embargo, la posición de Arendt es ambivalente. Por un lado, reconoce la importancia de la experiencia colonial en África para el racismo totalitario: las colonias serían «la tierra más fértil para el florecimiento de lo que posteriormente será la elite nazi»,[13] ofreciendo un ejemplo de la reducción posible de un pueblo a la categoría de raza y la superioridad biológica de la raza dominante. El imperialismo colonial también muestra cómo las sociedades pueden funcionar según principios que no son económicos y que son inclusive antiproductivos, anticipando el carácter «antiutilitarista» del Estado totalitario y su «inutilidad económica». Por otro lado, Arendt no cree en una continuidad simple entre las experiencias racistas imperialistas, el pensamiento de raza europeo y el racismo nazi. Para la autora, «existe un abismo entre los hombres de las concepciones brillantes y fáciles y los hombres de las acciones brutales y de la bestialidad activa para el cual no se puede ofrecer ninguna explicación intelectual».[14]

---

discusión del racismo europeo anti-negro en África», que la coloca en una posición próxima a la de los europeos. Más virulenta es la crítica de Anne Norton. Ver «Heart of the Darkness: Africa and African Americans in the Writings of Hannah Arendt», en Bonnie Honig (ed.), *Feminist Interpretations of Hannah Arendt*, University Park, The Pennsylvania State University Press, 1995, pp. 247-261. Según Norton, el continente africano que Arendt nos presenta es el África etnocéntrica de Hegel, apartada del mundo, sin historia ni cultura, de espíritu subdesarrollado. Arendt, por otro, lado habría dado una voz a los europeos colonizadores, mientras que habría condenado al silencio a los africanos. Sobre la relación de la filosofía europea con el «otro» —en este caso en relación al Nuevo Mundo—, ver el interesante libro de Antonello Gerbi, *O Novo Mundo. História de uma polêmica (1750-1900)*, São Paulo, Companhia das Letras, 1996.

12. Ver Benhabib, *op. cit.*, p. 86.

13. OT, p. 206.

14. OT, p. 183.

Arendt subraya en varios momentos de *Los orígenes del totalitarismo* que no existe una continuidad simple entre imperialismo y totalitarismo, a pesar de que el segundo haya sido posibilitado por el primero. El totalitarismo es formado por una amalgama de los elementos ya mencionados, pero ninguno de ellos por separado es, *per se*, totalitario, ni racismo, ni burocracia, ni antisemitismo. Únicamente la síntesis y la cristalización de los elementos puede conducir a la experiencia totalitaria, una síntesis que es contingente y no necesaria. Por eso, en su réplica a Eric Voegelin, Arendt afirma que el libro «no trata realmente de los "orígenes" del totalitarismo —como el título infelizmente indica».[15] Sus análisis se oponen al concepto de inexorabilidad, de «causalidad histórica», y reflejan, como André Duarte subraya,

> [...] su temor de que el fenómeno sea encubierto y reducido a mero efecto de algo otro que jamás se muestra, causas primeras, fundamentos absolutos, leyes de la historia o de la naturaleza, las cuales, por eso mismo, serían más substanciales que la mera apariencia.[16]

La causalidad histórica es substituida por la contingencia histórica, pues solamente insistiendo en el hecho de que el totalitarismo no ha sido ni inevitable ni accidental puede Arendt exigir la responsabilidad personal de los individuos por el mundo en el que viven. El totalitarismo es presentado en su carácter de «novedad radical», de «originalidad terrible» que coloca en jaque todas nuestras categorías de pensamiento político y nuestros patrones de juicio moral.[17]

Arendt critica a las ciencias sociales, incapaces de lidiar con el carácter de novedad, de acontecimiento como ruptura, de fenómeno totalitario, reduciéndolo a las figuras políticas ya conocidas, dictadura y tiranía. Para la autora, afirmar la novedad y la discontinuidad no constituye una mera cuestión historiográfica, pues constituye el *modus operandi* de su pensamiento, que, siguiendo el rastro nietzscheano, critica la reducción de lo desco-

---

15. «A Reply to Eric Voegelin», *Essais in Understanding*, p. 403.

16. *O Pensamento à Sombra da Ruptura. Política e Filosofia em Hannah Arendt*, São Paulo, Paz e Terra, 2000, p. 41.

17. Ver Arendt, «Understanding and Politics», en *Essays in Understanding*, pp. 309-310.

nocido a lo conocido, de la comprensión a la comprensión preliminar: Un «pensamiento sin pasamanos» que quiere comprender la novedad, el acontecimiento: «¿Cómo podemos medir la extensión si no tenemos un metro? ¿Cómo contar las cosas sin tener números? Quizá es absurdo pensar que pueda ocurrir cualquier cosa que nuestras categorías no estén equipadas para comprender».[18] La comprensión es la «manera específicamente humana de estar vivo», una forma de tratar y de reconciliarse con la realidad y de «sentirnos en casa en el mundo».[19] Es el otro lado de la acción, entendida como comienzo, de la *natalidad*.

Insistiendo en la discontinuidad y en la «novedad radical» del totalitarismo, Arendt no está simplemente oponiendo una tesis historiográfica de continuidad a una de discontinuidad. Es su propio proyecto filosófico que está en juego, una filosofía del inicio y de la novedad que encuentra su primera formulación en estas páginas. O sea, la autora se sirve de una tesis historiográfica para sustentar una tesis ontológica. Sin embargo, después de la publicación de *Los orígenes del totalitarismo*, Arendt expresó sus dudas de si el totalitarismo habría instaurado una «nueva forma de gobierno», como concluía en el último capítulo del libro:[20]

> Ya que, a la luz de la ciencia política, la tesis de Friedrich de que «la sociedad totalitaria es única y *sui generis*» únicamente puede significar que la dominación totalitaria constituye una nueva forma de gobierno. Esa conclusión parece inevitable y es, sin embargo, extremamente osada. Pues durante nuestra historia existieron pocas formas de gobierno, todas ellas conocidas y descritas por los antiguos. Me parece tan inverosímil que, entre

18. *Ibíd.*, p. 313.

19. *Ibíd.*, p. 308. «Comprensión no significa negar lo chocante, deducir lo imprecedente de precedentes, o explicar los fenómenos mediante tales analogías y generalidades que hacen que el impacto de la realidad y el choque con la experiencia no sean sentidos. Comprensión quiere decir más bien examinar y soportar conscientemente la carga que nuestro siglo nos ha colocado, sin negarla y sin sucumbir a su peso. Con pocas palabras, comprensión significa oposición atenta y no premeditada, resistencia a la realidad, cualquiera que sea» (OT, p. viii). Ver Arendt, «"What Remains? The Language Remains": A Conversation with Günter Gaus», *Essays in Understanding*, p. 3; «On Hannah Arendt», en Melvyn A. Hill (ed.), *Hannah Arendt: The Recovery of the Public World*, Nueva York, St. Martin's Press, 1979, p. 303.

20. El último capítulo de *Los Orígenes del Totalitarismo*, «Ideología y Terror», tiene como subtítulo «Una nueva forma de gobierno».

todos los pueblos, precisamente nosotros debamos confrontarnos con una nueva forma de gobierno.[21]

En mi opinión, podemos perfectamente decir que existen continuidades entre el pensamiento de raza, el racismo imperialista y la experiencia racista del nazismo, sin que por eso estemos transformando elementos en causas o defendiendo algún tipo de esencia metafísica o suprahistórica que determinaría, *a priori*, el sentido de los acontecimientos. Obrando de esa manera no me parece que por eso nos convirtamos en defensores feroces del determinismo causal ni que abdiquemos de la responsabilidad individual o de la libertad de acción como inicio de algo nuevo, elementos que sin duda dan su grandeza al pensamiento arendtiano. Tampoco significa relativizar los horrores cometidos en los genocidios nazis y estalinistas. Estableciendo una continuidad, «se trata menos», como Zvetan Todorov observa,

> [...] de *explicar* los horrores del nazismo por las ideas de Hitler, y éstas por las teorías raciales de época precedente, que de *evaluar* esas teorías a la luz de la ideología nazi, cuyo equivalente en actos es conocido por todos. Sin intentar imputar a los autores del siglo XIX lo que acontecería en el XX, debemos observar que las implicaciones perniciosas de esas teorías no están completamente ausentes, tampoco en las cabezas de los pensadores de raza franceses.[22]

El argumento principal de Arendt es el de que esos elementos por separado, el antisemitismo, la burocracia, el racismo, la expansión imperialista, no cristalizarían en la experiencia totalitaria, y que sólo su amalgama histórica singular posibilitó el terror totalitario. Por eso no podemos transformar elementos en causas que habrían conducido necesariamente al desenlace final. Pero eso no quiere decir que esos elementos no contribuyeron al totalitarismo, que pensadores racistas y antisemitas, y que políticas racistas e imperialistas, no colaborasen en el establecimiento de los sistemas totalitarios en Europa. Si no fuese así, Arendt no

---

21. Arendt en Carl J. Friedrich (ed.), *Totalitarianism: Proceedings of a Conference Held at the American Academy of Arts and Science*, March 1953, Cambridge, Harvard University Press, 1954, pp. 75 ss. Citado por Ursula Ludz, «A response to Margareth Canovan», *Hannah Arendt Newsletter*, 2, diciembre 1999, p. 25.

22. *On Human diversity*, p. 161.

necesitaría dedicar dos tercios de su libro al antisemitismo y al imperialismo. ¿Cómo se explica entonces la disposición y rapidez de las sociedades europeas a pensar en términos racistas e imperialistas, a aceptar y adherirse ardientemente a esas categorías explicativas sin la preexistencia de varias generaciones no sólo de pensamiento, sino también de prácticas racistas en Europa y fuera de ella? Sin la preexistencia durante varios siglos de pensamiento y de prácticas racistas, antisemitas e imperialistas, es inexplicable la rápida ascensión de los sistemas totalitarios, así como la receptividad y la disposición de los individuos a permitir y defender su existencia. Admitir esa continuidad no se opone a la tarea de la comprensión, entendida como «oposición atenta y no premeditada», «resistencia a la realidad cualquiera que sea»,[23] sino que la posibilita. En ese sentido, y en relación a los horrores cometidos en los campos de exterminio, la pregunta correcta «no es, por consiguiente, aquella que inquiere hipócritamente cómo fue posible cometer en ellos delitos tan atroces en relación con seres humanos»; sería más honesto y más útil, escribe Giorgio Agamben,

> [...] indagar atentamente acerca de los procedimientos jurídicos y los dispositivos políticos que hicieron posible llegar a privar tan completamente de sus derechos y prerrogativas a unos seres humanos, hasta el punto de que el realizar cualquier tipo de acción contra ellos no se considerara un delito [en este punto, en efecto, todo se había hecho verdaderamente posible].[24]

Veamos ahora los tópicos principales de la genealogía del racismo que Foucault ofrece en el curso del Collège de France de 1975-1976, publicado en Francia con el título *En defensa de la sociedad* y en *La voluntad de saber*, primer volumen de *La Historia de la sexualidad*. Se trata de una genealogía que defiende una tesis de continuidad y que presenta convergencias fundamentales con la arendtiana, sirviendo así como su complemento.[25]

---

23. OT, p. viii.

24. Giorgio Agamben, *Homo sacer. El poder soberano y la nuda vida*, Valencia Pre-Textos, 1998, pp. 217-218.

25. Sin embargo, Foucault no menciona los análisis arendtianos que muestran en algunos puntos estrechas semejanzas con los suyos. *Los orígenes del totalitarismo* fue traducido al francés separadamente, siendo publicada la tercera parte en 1972 (*Le système totalitaire*, París, Seuil), la primera parte en 1973

Foucault parte de la inversión de la célebre fórmula de Clausewitz, según la cual la guerra es la continuación de la política por otros medios, y afirma que la política es la continuación de la guerra por otros medios. La guerra se constituye en fundamento de la sociedad civil, en filigrana de la paz. El discurso de la guerra pertenece a la historia herética de la teoría política moderna como el discurso histórico-político sobre la sociedad frente al discurso filosófico-jurídico del derecho moderno, de las teorías de la soberanía y de los contratos sociales, que nos hacen creer que la paz es otra cosa que una guerra silenciosa y continua.

> Por el contrario, detrás de las formas de lo justo, tal como ha sido instituido, de lo ordenado tal como ha sido impuesto, de lo institucional, tal como ha sido aceptado «el discurso de la guerra» trata de descubrir y definir el pasado olvidado de las luchas reales, de las victorias efectivas, de las derrotas que dejan su signo profundo incluso si han sido disimuladas. Tras de la fugacidad de la historia lo que se nos impone es reencontrar la sangre seca en los códigos, y no lo absoluto del derecho. No es cuestión de referir la relatividad de la historia a lo absoluto de la ley o de la verdad, sino de encontrar lo infinito de la historia detrás de la estabilidad del derecho, los gritos de guerra tras de las fórmulas de la ley y la asimetría de las fuerzas tras el equilibrio de la justicia.[26]

La genealogía del discurso histórico-político corresponde, como veremos, a la genealogía del racismo. Los autores tradicionalmente afiliados a ese discurso de la guerra, especialmente Hobbes, son para Foucault los filósofos de la paz: la guerra es para Hobbes exterior al discurso político; la política y la guerra estarían en relación de absoluta exterioridad. La guerra es un mero artificio retórico, una guerra de «mentira», una gue-

---

(*Sur l'antisémitisme*, París, Calmann-Lévy). La segunda parte, sobre el imperialismo, que contiene la discusión arendtiana sobre el racismo, únicamente fue traducido en 1982 (*L'impérialisme*, París, Fayard), mientras que los cursos de Foucault sobre el racismo fueron proferidos en 1975. Sobre la historia de la recepción de la obra de Arendt en Francia ver Olivier Mongin, «La réception d'Arendt en France» en *Politique et pensée. Colloque Hannah Arendt*, París, Payot, 1996, pp. 7-14.

26. Michel Foucault, *Genealogía del racismo* (abreviado: GR), Madrid, Las ediciones de La Piqueta, 1992, p. 65.

rra de filósofo.[27] Siguiendo esta línea interpretativa, Hobbes sería el precursor del pensamiento liberal, tal como Leo Strauss había reconocido, casi medio siglo antes de Foucault en su artículo sobre *El concepto de lo político* de Carl Schmitt.[28] Encontramos aquí la primera discordancia con Arendt, para quien Hobbes proporcionó los prerrequisitos a todas las teorías absolutistas y antidemocráticas.[29]

El discurso histórico-político de la lucha de razas surge en Inglaterra en el siglo XVII, cuando por primera vez se articulan conflictos políticos, económicos y jurídicos, en términos de lucha de razas —o de naciones, usando la terminología arendtiana— entre normandos y sajones, de conquista y dominio de una raza por la otra. Ese discurso tiene su continuidad en la lucha de razas en Francia en el siglo XVIII, tal como es descrita por Boulainvilliers. Arendt no había descrito la lucha de razas en Inglaterra, y Foucault,

---

27. «El enemigo —o mejor el discurso enemigo contra el cual se vuelve Hobbes— es el que se podía oír en las luchas civiles que entonces laceraban el Estado en Inglaterra [...] Hobbes ha conjurado este discurso de la lucha y de la guerra civil permanente reubicando el contrato detrás de toda guerra y de toda conquista y salvando así la teoría del Estado. Como recompensa, la filosofía del derecho después le asignó a Hobbes el título senatorial de padre de la filosofía política. Cuando el capitolio del Estado se vio amenazado, un ganso despertó a los filósofos que dormían: era Hobbes» (GR, p. 108). Ver Yves Charles Zarka, «Foucault et le concept non juridique du pouvoir», *Cites*, 2, 2000, pp. 41-52.

28. Ver Leo Strauss, «Ammerkungen zu Carl Schmitt. Der Begriff des Politischen», 1932, texto incorporado al libro de Heinrich Meier, *Carl Schmitt, Leo Strauss und «Der Begriff des Politischen»*, Stuttgart, J.B. Metzler, 1988. El libro de Meier incluye tres cartas inéditas de Leo Strauss para Carl Schmitt de los años 1932/1933. El «nazi» Carl Schmitt se impresionó tanto con la interpretación del «judío» Leo Strauss que escribió una carta de referencias llena de elogios que permitió a Strauss conseguir una beca y continuar sus estudios sobre Hobbes en Inglaterra, salvando así su vida. Ver Heinrich Meier, *Die Lehre Carl Schmitts. Vier Kapitel zur Unterscheidung Politischer Theologie und Politischer Philosophie*, Stuttgart, J.B. Metzler, 1994.

29. Ver OT, 157. Arendt probablemente conocía la interpretación de Leo Strauss sobre Hobbes, un autor (Strauss) por el cual sentía una profunda aversión. Ver Hannah Arendt - Karl Jaspers, *Briefwechsel 1926-1969*, München, Piper, 1993, p. 280; Elisabeth Young-Bruehl, *Hannah Arendt. For Love of the World*, New Haven, Yale University Press, 1982, p. 98; Peter Graf Kielmansegg, Horst Mewes, Elisabeth Glaser-Schmidt (ed.) *Hannah Arendt and Leo Strauss. German Emigrés and American Political Thought after the World War II*, Cambridge, Cambridge University Press, 1997. Cuando se lee a Hannah Arendt refiriéndose a Hobbes se tiene la sensación de que su interpretación se constituye en las antípodas de la de Leo Strauss, como una demarcación y distanciamiento consciente de las tesis straussianas.

cuyos análisis de Boulainvilliers y del pensamiento de raza en Francia en el siglo XVIII son semejantes a los arendtianos, no menciona a Gobineau. La tesis de Foucault es que ese discurso de la lucha de las razas sufrió en la segunda mitad del siglo XIX una transmutación doble. Por un lado la lucha de razas fue substituida, descodificada en términos de lucha de clases. Mientras que para Arendt entender la historia como una lucha de razas era diferente de entenderla como lucha de clases —eran dos doctrinas diferentes, exteriores una a la otra y que ejercieron una grande influencia en la modernidad—,[30] Foucault describe la historia como lucha de clases como una descodificación, una desterritorialización de la historia como lucha de razas, ambas encontrándose en relación de continuidad.

Por otro lado, ese mismo discurso revolucionario fue en la época recodificado biológica y médicamente en el discurso del racismo[31] que corresponde, según Foucault, al retomado a finales del siglo XIX del discurso de la guerra de las razas, «un retomar este secular discurso en términos socio-biológicos, esencialmente con fines de conservadurismo social y, al menos en algunos casos, de dominación colonial».[32] Las dos consecuencias principales de esos desenvolvimientos son que el racismo, que era hasta ese momento cultural y político, se transforma en biológico y natural, y la sociedad binaria de dos razas en lucha constante se convierte en una sociedad «biológicamente monista». Ya no se trata de la oposición permanente de dos razas, una exterior a la otra, sino del desarrollo de una única raza en una superraza y una sub-raza. El discurso de la lucha de razas se convierte en el discurso del poder centralizado, el discurso de la raza verdadera, única, titular de la norma frente a los que se encuentran fuera de ella. Encontramos aquí el origen del discurso biológico-racista sobre la degeneración, cuya genealogía había sido analizada por Foucault un año antes en el curso sobre *Los anormales*.

30. Ver OT, p. 159.

31. «En el momento en que el discurso de la lucha de razas se transformó en un discurso revolucionario, el racismo fue el pensamiento invertido, el proyecto invertido, el profetismo invertido de los revolucionarios. Pero la raíz de la cual se parte es la misma: el discurso revolucionario, pero lo representa invertido» [GR, p. 90].

32. GR, p. 73.

En el curso de 1974-1975, titulado *Los anormales,* Foucault defendía la tesis de que el racismo había nacido precisamente del espíritu de la psiquiatría. Mediante el acoplamiento de la teoría de la herencia a la teoría de la degeneración —que permite una intromisión indefinida en los comportamientos humanos, ligando las desviaciones de conducta a estados al mismo tiempo hereditarios y definitivos, o sea incurables—, la psiquiatría se constituye a finales del siglo XIX en protección científica de la sociedad y protección biológica de la especie. La función de la psiquiatría no sería la de curar, sino la de defender la sociedad; es la «instancia general de defensa de la sociedad contra los peligros que la minan desde el interior».[33] Como consecuencia se constituye un discurso racista biológico, no étnico, contra el anormal, o sea, contra individuos portadores de estigmas o defectos susceptibles de ser transmitidos a su descendencia. El racismo monista no representa una forma de defensa de un grupo contra otro. Es un dispositivo de detección, de filtración de individuos portadores de algún peligro dentro de un grupo determinado. Foucault también subraya la importancia de la remodificación biológica del racismo como justificativa de dominación colonial, sin extenderse en sus análisis sobre el imperialismo. En ese aspecto, las investigaciones de Arendt sirven para completar la laguna dejada por Foucault. La experiencia colonial del encuentro con el «otro», que Foucault remonta a la conquista española de América, sirve, como en el caso de Arendt, para descubrir el otro dentro de nosotros mismos, para reimportar las prácticas racistas, las experiencias del «continente negro» para el «corazón de las tinieblas» en Europa: «Hubo toda una serie de modelos coloniales —sucesivamente adquiridos en Occidente— que le han permitido a Occidente practicar sobre sí mismo algo así como una colonización, un colonialismo interno».[34]

La medicina y la psiquiatría son los elementos principales de esa recodificación biológica y monista del discurso de las razas, una forma de devolver el poder para la soberanía conservadora del Estado, asegurado por la transferencia de la ley para la norma, de lo jurídico para lo biológico. La lucha de razas

33. *Les Anormaux*, p. 299.

34. GR, p. 113. Ver Warren Montag, «Toward a Conception of Racism without Race: Foucault and Contemporary Bio-Politics», manuscrito inédito.

cede el lugar a un racismo de Estado, «un racismo que una sociedad ejercerá contra sí misma, contra sus propios elementos, contra sus propios productos de un racismo interno —el de la purificación permanente— que será una de las dimensiones fundamentales de la normalización social».[35] Foucault introduce la temática de la biopolítica a partir de la genealogía del discurso racista, discurso esencial de normalización social de un Estado cuya fuerza y esplendor está garantido por dispositivos médico-normalizantes.

> Me parece que uno de los fenómenos fundamentales del siglo XIX es aquel mediante el cual el poder —por así decirlo— se hizo cargo de la vida. Se trata de una toma de poder sobre el hombre en tanto que ser viviente, es decir, de una especie de estatalización de lo biológico, o por lo menos de una tendencia que conduce a lo que se podría llamar estatalización de lo biológico.[36]

Frente al poder clásico soberano en tanto que el «poder de hacer morir y dejar vivir», el poder de la ley y de la muerte, el biopoder, que atraviesa, penetra y modifica ese poder clásico, es un «poder de hacer vivir y dejar morir», un poder de la norma y de la vida que tiene como objetivo el prolongamiento y la maximización de la vida biológica y de la salud de la nación. La biopolítica decimonónica estaba al servicio de las clases burguesas —las cuales presentaban una serie de nuevos valores: salud, higiene, vitalidad, prole, en concurrencia con la sangre y el linaje aristocrático— y de la formación de los Estados nacionales.

Lo que a primera vista podría parecer una paradoja, o sea, la coexistencia de un poder que tiene por objetivo la potenciación de la vida biológica de las poblaciones con prácticas racistas y asesinas, constituye en realidad la condición de supervivencia de ese poder arcaico y obsoleto sobre la muerte de la soberanía clásica. El racismo representa la posibilidad de ejercer la función asesina en un régimen biopolítico por un poder cuya función es hacer vivir, celar por la vida y la salud de sus ciudadanos. Es un instrumento teórico del Estado que le permite decidir quién debe vivir y quién debe morir. Si el poder de

---

35. GR, p. 71-72.
36. GR, p. 247. Ver *La volonté de savoir*, cap. V: «Droit de mort et pouvoir sur la vie», pp. 177-211.

normalización quiere ejercer el arcaico poder soberano del asesinato, tiene que pasar por el racismo.

> El imperativo de muerte, en el sistema del biopoder, es admisible sólo si tiende no a la victoria sobre los adversarios políticos, sino a la eliminación del peligro biológico y al reforzamiento, directamente ligado a esta eliminación de la especie misma o de la raza. La raza, el racismo, son —en una sociedad de normalización— la condición de aceptabilidad del matar.[37]

El racismo monista biológico y el Estado racista reaparecen en las biopolíticas de exclusión de lo políticamente peligroso y de lo étnicamente impuro, introducidas en el siglo XVIII por la policía médica e incorporadas en el XIX por el darwinismo social, el imperialismo, la eugenesia y las teorías médico-legales de la herencia y la degeneración, prácticas que serán retomadas por el nazismo y el estalinismo. Existiría así, según Foucault, una continuidad —al nivel de las prácticas racistas biopolíticas— entre racismo decimonónico, nazismo y estalinismo. El nazismo habría reimplantado el racismo del Estado monista contra los anormales en el racismo étnico, endémico del siglo XIX, lo que explica la función de la psiquiatría en el nazismo.[38] Son capítulos de la misma genealogía del racismo. De hecho, fascismo y estalinismo comparten la misma racionalidad política con las sociedades liberales, los mismos mecanismos y tecnologías de (bio)poder, como Foucault reconoce en 1978:

> No se debe negar que en muchos puntos el fascismo y el estalinismo simplemente prolongarán toda una serie de mecanismos que ya existían en los sistemas sociales y políticos de Occidente. De cualquier manera, la organización de los grandes partidos, el desarrollo de los aparatos policiales, la existencia de técnicas de represión como los campos de trabajo, todo eso constituye una herencia realmente consolidada de las sociedades occidentales que el nazismo y el estalinismo únicamente tuvieron que incorporar.[39]

---

37. GR, p. 265. Ver Franck Lessay, «Joug normand et guerre des races: de l'effet de vérité au trompe-l'oeil», *Cités,* 2, 2000, pp. 68-69; Francesco Paolo Adorno, «Fiction et histoire», *Cités*, 2, 2000, pp. 88-90.

38. Ver *Les anormaux*, p. 299.

39. «La philosophie analytique de la politique», *Dits et écrits*, París, Gallimard, 1994, vol. III, pp. 535-536.

Cuatro años después, interrogándose sobre las «enfermedades» del poder, Foucault establece una relación entre sociedades liberales y sistemas totalitarios que resuena como una respuesta a los análisis arendtianos:

> Una de las numerosas razones que hacen que ellas [las enfermedades, fascismo y estalinismo] sean tan desconcertantes para nosotros es que, a pesar de su singularidad histórica, no son enteramente originales. El fascismo y el estalinismo utilizaron y ampliaron mecanismos ya presentes en la mayoría de las otras sociedades. No sólo eso, sino que, a pesar de su locura interna, utilizaron, en gran medida, las ideas y los procedimientos de nuestra racionalidad política.[40]

Apostar por la continuidad no lleva a relativizar o minimizar los horrores nazis y estalinistas. Foucault sustituye la discontinuidad por la intensificación radical y describe el nazismo como la generalización total del biopoder, el disciplinamiento absoluto de la población y la máxima regulación biológica. Se trata de un Estado absolutamente racista, asesino y suicida: solución final para las otras razas, suicidio de la propia raza. Constatar la existencia de continuidades no significa apostar por un determinismo causal que nos haría abdicar de nuestra libertad y responsabilidad individual; es también una manera de «asumir la carga que nuestro siglo nos ha colocado, sin negarla ni sucumbiendo bajo su peso», tarea que corresponde a la actividad de comprensión, como Arendt pensaba.

En mi opinión, la dimensión biopolítica no está ausente de los análisis arendtianos, y es mediante la adopción de esa perspectiva como podemos localizar la convergencia con el pensamiento foucaultiano de la biopolítica y mostrar las continuidades en la propia obra arendtiana, que incluyen la cuestión del racismo, central al régimen biopolítico.[41]

En *Los orígenes del totalitarismo* la dimensión biopolítica es un eje privilegiado en el análisis del sistema totalitario, donde «la naturaleza humana como tal es lo que está en juego».

---

40. «Le sujet et le pouvoir», *Dits et écrits*, vol. IV, p. 224.

41. Dos libros fundamentales para comprender la dimensión biopolítica de la obra arendtiana son: Giorgio Agamben, *Homo sacer. El poder soberano y la nuda vida*, *op. cit.*; Étienne Tassin, *Le trésor perdu. Hannah Arendt, l'intelligence de l'action politique*, París, Payot, 1999.

Por eso Arendt insiste en la transformación de la naturaleza humana en los campos de concentración nazis y estalinistas, la fabricación de «una especie humana semejante a otras especies animales»,[42] que uniendo un artificialismo tecnopoiético a un naturalismo zoológico, produce la reducción biopolítica de los individuos a «cadáveres vivos» (*living corpses*). Esa reducción resulta mediante la aniquilación de la persona jurídica y moral del individuo y de su identidad personal, eliminando así su espontaneidad,[43] dando lugar a una «sociedad de moribundos» (*society of the dying*), de muertos vivos, individuos privados de su vida y de su muerte, categorías vacías de sentido.[44] Vale la pena detenerse sobre este aspecto. Una característica principal de la biopolítica es la renegociación constante de esas categorías; el hecho biológico es inmediatamente político y viceversa. Si, según Carl Schmitt, «soberano es quien decide sobre el Estado de excepción»,[45] la decisión soberana en la biopolítica se transforma en decisión sobre el momento en que la vida se transforma en políticamente relevante o deja de serlo. En ese sentido, existe una continuidad biopolítica entre: la definición de la «vida sin valor», la «vida indigna de ser vivida» en las leyes eugenésicas del nazismo; la pérdida de sentido de esas categorías en la fabricación de «muertos vivos» en los campos de concentración; el debate sobre la «vida» en la cuestión del aborto, en el cual grupos «provida» y «proelección» divergen acerca de lo que debemos entender por vida y en los valores implicados en esa decisión. La opción «proelección» se inclina por el Cuerpo de la mujer, y el valor que elige es la libertad (en el sentido de la autonomía de la mujer respecto a su Cuerpo). El grupo «provida», por su parte, toma partido por el Cuerpo del feto, y su valor es la vida (en el sentido de la supervivencia del feto);[46] la definición de la muerte en

42. OT, pp. 459, 458, 438.

43. Ver Arendt, «The concentration camps», *Partisan Review*, XV, 7, 1948, pp. 752-759; OT, pp. 454-5.

44. Ver OT, p. 454.

45. Carl Schmitt, *Politische Theologie. Vier Kapitel zur Lehre con der Souveranität*, Berlín, Drucker & Humblot, 1996. Ver Agamben, *Homo sacer*, 3a parte: «El campo de concentración como paradigma biopolítico de lo moderno», pp. 151-239.

46. Agnes Heller, Ferenc Fehér, *Biopolítica. La modernidad y la liberación del cuerpo*, Barcelona, Península, 1995, p. 25.

los debates sobre muerte cerebral y su ligación con las tecnologías de transplantes de órganos.[47]

En un régimen totalitario los individuos son reducidos a mera «naturaleza humana», a simple hecho biológico, a «nuda vida», o a lo que Arendt llamaba la «abstracta desnudez de ser únicamente humano». El terror total construye un cinturón de hierro que aprisiona a los individuos «como si su pluralidad se disolviese en un solo hombre de dimensiones gigantescas».[48] El *zôon politikon* se transforma en mera *zôé*, pues al nivel de la *zôé* el individuo no existe como individuo, posee realidad únicamente en tanto que especie.[49]

La reducción biopolítica de los individuos a mera especie y simple hecho biológico no es, sin embargo, exclusiva del sistema totalitario. Ya en las partes de *Los orígenes del totalitarismo* dedicadas al antisemitismo y al imperialismo encontramos advertencias acerca de los peligros de la reducción biológica de los individuos. En los análisis del antisemitismo, Arendt critica la posición de los judíos asimilados que definían su «judeidad» (*Jewishness*) en términos biológicos o psicológicos, «una cualidad innata», atributos psicológicos, conjunto de cualidades naturales y no como un compromiso político o religioso, contribuyendo involuntariamente con el antisemitismo asesino que acabaría aniquilándolos: «Los judíos pudieron escapar del judaísmo mediante la conversión, de la judeidad no había escape».[50] Definiendo su condición judía biológicamente anticiparon las políticas nazis de exterminio.[51]

---

47. Ver Agamben, *ibíd.*, pp. 203-210; Margaret Lock, *Twice dead. Organ Transplants and the Reinvention of Death*, Berkeley, University of California Press, 2002; Margaret Lock, «Death in Technological Time: Locating the End of a Meaningful Life», *Medical Anthropology Quarterly*, 10 (4), 1996, pp. 575-600; Arthur L. Caplan y Daniel H. Coello (ed.) *The Ethics of Organ Transplants. The current Debate*, Amhrst, Nueva York, Prometheus Books, 1998; Stuart J. Younger *et alii* (ed.) *Organ Transplantation. Meaning and Realities*, Madison, Wisconsin, The University of Wisconsin Press, 1996; Thomas Schlich y Claudia Wiesemann (ed.) *Hirntod. Zur Kulturgeschichte der Todesfestellung*, Frankfurt, Suhrkamp, 2001.

48. OT, pp. 465-466.

49. Ver Tassin, *op. cit.*, pp. 164-5; Munsya Molomb' Ebebe, *Le paradoxe comme fondement et horizon du politique chez Hannah Arendt*, Bruxelles, De Boeck & Larcier s.a., 1997, pp. 29-32.

50. OT, p. 87. Ver *ibíd.*, pp. 66, 83.

51. Ver Hannah Fenichel Pitkin, *The Attack of the Blob. Hannah Arendt's Concept of the Social*, Chicago, The University of Chicago Press, 1998, p. 75: «A pesar de que los nazis "castigaban" la "judeidad" como un crimen, la definían

La reflexión de Hannah Arendt sobre los derechos humanos y el declinar del Estado-nación revela igualmente un transfondo biopolítico. Si consideramos los derechos humanos como la inscripción de la «nuda vida» en el orden jurídico, pues el mero hecho del nacimiento confiere al individuo derechos y soberanía, la existencia de individuos privados de los derechos nacionales —minorías, parias, apátridas y refugiados, transformados en la «abstracta desnudez de ser únicamente humanos»— los encuadra exactamente en la situación prevista en la declaración, y deberían, por lo tanto, convertirse en portadores de los derechos universales inalienables. Sin embargo, el concepto de derechos humanos...

> [...] se desmoronó en el instante en que aquellos que decían que creían en él se confrontaron por primera vez con personas que habían perdido realmente todas las otras cualidades y relaciones específicas —excepto que todavía eran humanos. El mundo no vio nada de sagrado en la abstracta desnudez de ser únicamente humano.[52]

El hecho de la «abstracta desnudez de ser únicamente humanos», o sea de la nuda vida, era el mayor riesgo que corrían. Su desconfianza de los derechos universales, su insistencia en la nacionalidad (elemento remaneciente que todavía los ligaba a la ciudadanía perdida), denota el peligro intuido en la reducción biológica implicada en los derechos humanos.

El racismo también es analizado por Arendt en términos de transformación de categorías y formaciones sociales en destino biológico. El encuentro con el «otro» en la experiencia imperialista es descrito como un embate entre la «cultura» y la «naturaleza». Para el colonizador europeo los africanos eran simplemente nuda vida, «seres humanos naturales» sin especificidades ni características reconocibles como humanas, parte de la naturaleza hostil que debían enfrentar. El hecho de ser percibidos exclusi-

---

"biológicamente", sin imputar acción criminal alguna u ofrecer alguna opción alternativa. Con eso, les *revelaron* la cuestión judía como siendo de hecho política (un asunto de política, de opción humana), la *transformaron* en política (definiéndola como ley y ejecutándola a través de la maquinaria estatal), y la *transformaron* en social (basando su política y su derecho en lo que falsamente presentaban como una categoría biológica impuesta inexorablemente por la naturaleza)». Ver Canovan, *op. cit.*, pp. 49-50.

52. OT, p. 299.

vamente como nuda vida permitió, según Arendt, que «cuando los europeos los masacraron no tuviesen conciencia de estar cometiendo un asesinato».[53] Los africanos, como los judíos bajo el nazismo, fueron reducidos biológicamente a la condición de *homo sacer*, de vida sagrada, que, como nos recuerda Giorgio Agamben, constituye la condición de una vida insacrificable y, sin embargo, expuesta a la muerte, una vida que puede ser aniquilada sin cometer homicidio. La muerte del africano, como la del judío, en tanto que nuda vida y *homo sacer*, no corresponde al cumplimiento de la pena capital o de un sacrificio, sino a la actualización de sus posibilidades más propias, inherentes a su condición de judío o de «otro» africano.[54]

Los análisis arendtianos continúan en su crítica a la modernidad como aparece en *La condición humana*[55] y, en mi opinión, adquieren su significado pleno y una riqueza mayor cuando adoptamos la perspectiva de la continuidad implicada en la lectura biopolítica de su obra. Según la óptica privilegiada en este trabajo, la modernidad se presenta como un proceso de substitución del mundo por la vida, de biologización de las esferas de existencia, que permite que la condición vital destruya las condiciones mundanas y plurales de la existencia. Tanto en las sociedades liberales —mediante la victoria del *animal laborans*— como en las totalitarias, el proceso vital invadió el espacio público y se convirtió en regla de organización social. Si en el totalitarismo el poder artificialista de la técnica era utilizado para reducir la humanidad al hecho biológico, en las sociedades liberales modernas se recurre a la misma artificialidad con el objetivo de aumentar el poder del proceso vital natural transformado en norma implícita de la vida en común. La vida se transformó en una «verdad axiomática» de validez incontestable.[56] El carácter sagrado de la vida y la

53. OT, p. 192.

54. «La verdad difícil de aceptar para las propias víctimas, pero que, con todo, debemos tener el valor de no cubrir con velos sacrificiales, es que los judíos no fueron exterminados en el transcurso de un delirante y gigantesco holocausto, sino, literalmente, tal como Hitler había anunciado, "como piojos", es decir, como nuda vida. La dimensión en que el exterminio tuvo lugar no es la religión ni el derecho, sino la biopolítica» (Agamben, *op. cit.*, p. 147). Ver *ibíd.*, pp. 108-109, 111-112.

55. Ver *The Human Condition* (Abreviado CH), Chicago y Londres, The University of Chicago Press, 1989. Ver Tassin, *op. cit.*, pp. 204-218.

56. HC, p. 319.

victoria del *animal laborans* en la modernidad están vinculados al proceso de despolitización creciente, en que la voluntad de actuar se convirtió en «la pasividad más mortal y estéril que la historia conoció.».[57] El régimen biopolítico de las sociedades liberales postotalitarias se encuentra bajo el primado de la desmesura tecnocientífica, de la liberación de los procesos vitales que Arendt define como el «crecimiento artificial de lo natural».[58] La «inmortalidad del proceso vital»[59] invadió el espacio público y se transformó en regla de organización social, constituyendo el otro lado de la negación de la institución del mundo como regla de organización política de la pluralidad humana.

Concluyendo, podemos afirmar que la adopción de la óptica biopolítica permite hacer una lectura que se concentra en las continuidades entre el pensamiento de raza y las prácticas racistas imperialistas y nazis, entre las sociedades liberales y las sociedades totalitarias, continuidades que son perceptibles precisamente al nivel biopolítico.

> Y sólo porque la vida biológica con sus necesidades se había convertido en todas partes en el hecho *políticamente* decisivo, es posible comprender la rapidez, que de otra forma sería inexplicable, con que en nuestro siglo las democracias parlamentarias han podido transformarse en Estados totalitarios, y los Estados totalitarios convertirse, casi sin solución de la continuidad, en democracias parlamentarias. En los dos casos, estas transposiciones se han producido en un contexto en el que la política se había transformado ya desde hacía tiempo en biopolítica y en el que lo que estaba en juego consistía ya exclusivamente en determinar qué forma de organización resultaría más eficaz para asegurar el cuidado, el control y el disfrute de la nuda vida. Las distinciones políticas tradicionales [como las de derecha e izquierda, liberalismo y totalitarismo, privado y público] pierden su claridad y su inteligibilidad y entran en una zona de indeterminación una vez que su referente fundamental ha pasado a ser la nuda vida. Incluso el repentino deslizamiento de las clases dirigentes ex comunistas hacia el racismo más extremo [como en Serbia, con el programa de «limpieza étnica»] y el renacimiento en nuevas formas del fascismo en Europa tienen aquí su raíz.[60]

---

57. HC, p. 322.
58. HC, p. 47. Ver Canovan, pp. 81-84.
59. HC, p. 321.
60. Agamben, *op. cit.*, pp. 154-155.

Bibliografía

ADORNO, Francesco Paolo, «Fiction et histoire», *Cités*, 2, 2000.

AGAMBEN, Giorgio, *Homo sacer. El poder soberano y la nuda vida*, Valencia, Pre-Textos, 1998.

ARENDT, Hannah, «The concentration camps», *Partisan Review*, XV, 7, 1948, pp. 752-759.

—, *The Origins of Totalitarianism*, Nueva York, Harcourt Brace & Company, 1979 (existe traducción castellana: *Los orígenes del totalitarismo*, Madrid, Alianza Editorial, 1991).

—, *The Human Condition*, Chicago y Londres, The University of Chicago Press, 1989 (existe traducción castellana: *La condición humana*, Barcelona, Paidós, 1993).

—, *Essays in Understanding 1930-1954*, Nueva York, Harcourt Brace & Company, 1993.

ARENDT, Hannah - Karl JASPERS, *Briefwechsel 1926-1969*, München, Piper, 1993.

BENHABIB, Seyla, *The Reluctant Modernism of Hannah Arendt*, Thousand Oaks, California, Sage Publications, 1996.

CANOVAN, Margareth, *Hannah Arendt, A Reinterpretation of Her Political Thought*, Cambridge, Cambridge University Press, 1992.

CAPLAN, Arthur L. y Daniel H. COELLO (eds.), *The Ethics of Organ Transplants. The current Debate*, Amhrst, Nueva York, Prometheus Books, 1998.

CEDRONIO, Marina, *Hannah Arendt: Politique et Histoire. La démocratie en danger*, París, L'Harmattan, 1999.

DUARTE, André, *O Pensamento à Sombra da Ruptura. Política e Filosofia em Hannah Arendt*, São Paulo, Paz e Terra, 2000.

FOUCAULT, Michel, *La volonté de savoir*, París, Gallimard, 1976.

—, *Genealogía del racismo*, Madrid, Las ediciones de La Piqueta, 1992.

—, *Dits et écrits*, París, Gallimard, 1994.

—, *Les Anormaux. Cours au Collège de France. 1974-1975*, París, Gallimard, 1999 (existe traducción castellana: «Los anormales», en *La vida de los hombres infames*, 1990, Madrid, Las ediciones de La Piqueta, pp. 83-91).

GERBI, Antonello, *O Novo Mundo. História de uma polêmica (1750-1900)*, São Paulo, Companhia das Letras, 1996.

GRAF KIELMANSEGG, Peter, Horst MEWES, Elisabeth GLASER-SCHMIDT (ed.) *Hannah Arendt and Leo Strauss. German Emigrés and American Political Thought after the World War II*, Cambridge, Cambridge University Press, 1997.

HELLER, Agnes y Ferenc FEHÉR, *Biopolítica. La modernidad y la liberación del cuerpo*, Barcelona, Península, 1995.

HILL, Melvyn A. (ed.), *Hannah Arendt: the Recovery of the Public World*, Nueva York, St. Martin's Press, 1979.

KATEB, George, *Hannah Arendt. Politics, Conscience, Evil*, Totowa, Rowman & Allanheld, 1984.

LESSAY, Franck, «Joug normand et guerre des races: de l'effet de vérité au trompe-l'oeil», *Cités*, 2, 2000.

LOCK, Margaret, «Death in Technological Time: Locating the End of a Meaningful Life», *Medical Anthropology Quarterly*, 10 (4), 1996, pp. 575-600.

—, *Twice dead. Organ Transplants and the Reinvention of Death*, Berkeley, University of California Press, 2002.

LUDZ, Ursula, «A response to Margareth Canovan», *Hannah Arendt Newsletter*, 2, December 1999.

MEIER, Heinrich, *Die Lehre Carl Schmitts. Vier Kapitel zur Unterscheidung Politischer Theologie und Politischer Philosophie*, Stuttgart, J.B. Metzler, 1994.

MOLOMB' EBEBE, Munsya, *Le paradoxe comme fondement et horizon du politique chez Hannah Arendt*, Bruxelles, De Boeck & Larcier s.a., 1997.

MONGIN, Olivier, «La réception d'Arendt en France», en *Politique et pensée. Colloque Hannah Arendt*, París, Payot, 1996.

MONTAG, Warren, «Toward a Conception of Racism without Race: Foucault and Contemporary Bio-Politics» (manuscrito inédito).

NORTON, Anne, «Heart of the Darkness: Africa and African Americans in the Writings of Hannah Arendt», In Bonnie Honig (ed.), *Feminist Interpretations of Hannah Arendt*, University Park, The Pennsylvania State University Press, 1995, pp. 247-261.

PITKIN, Hannah Fenichel, *The Attack of the Blob. Hannah Arendt's Concept of the Social*, Chicago, The University of Chicago Press, 1998.

SCHLICH, Thomas y Claudia WIESEMANN (ed.) *Hirntod. Zur Kulturgeschichte der Todesfestellung*, Frankfurt, Suhrkamp, 2001.

SCHMITT, Carl, *Politische Theologie. Vier Kapitel zur Lehre con der Souveranität*, Berlín, Drucker & Humblot, 1996.

STRAUSS, Leo, «Ammerkungen zu Carl Schmitt. Der Begriff des Politischen», In Heinrich Meier, *Carl Schmitt, Leo Strauss und «Der Begriff des Politischen»*, Stuttgart, J.B. Metzler, 1988.

TASSIN, Étienne, *Le trésor perdu. Hannah Arendt, l'intelligence de l'action politique*, París, Payot, 1999.

TODOROV, Zvetan, *The Conquest of America: The Question of the Other*, Nueva York, Harper and Row, 1982.

—, *On Human Diversity. Nationalism, Racism, and Exoticism in French Thought*, Cambridge, Massachusetts, Harvard University Press, 1994.

YOUNG-BRUEHL, Elisabeth, *Hannah Arendt. For Love of the World*, New Haven, Yale University Press, 1982.

YOUNGER, Stuart J. *et alii*. (ed.) *Organ Transplantation. Meaning and Realities*, Madison, Wisconsin, The University of Wisconsin Press, 1996.

ZARKA, Yves Charles, «Foucault et le concept non juridique du pouvoir», *Cites*, 2, 2000, pp. 41-52.

INSTANCIAS DE LA BIOPOLÍTICA EN ESPAÑA, SIGLOS XX Y XXI

Richard Cleminson

Se podría suponer que la moda actual que enumera y cataloga a los «recursos humanos» —en los campos de gestión de la empresa y al nivel estatal (en instituciones, en lo que se refiere a la fertilidad, a la natalidad y a las prácticas sexuales de la población)— es producto de los tiempos más recientes o, por lo menos, de la sociología industrial de la década de los años treinta del siglo pasado. Sin embargo, como testimonian numerosos ejemplos, este proceso tiene sus raíces en los orígenes del estado moderno. Los recursos humanos son, para los Estados, material flexible, y si un día cierta clase de sujeto no vale, en otra ocasión podría ser aprovechado para hacer su contribución a la empresa en mano, siendo ésta la construcción del estado-nación, de la salud pública o de los órganos administrativos del Estado.

Esta flexibilidad del Estado moderno, hermanado con el capitalismo mercantil y posteriormente industrial, se ve en sus políticas poblacionales, donde los criterios no son esenciales, sino enteramente subjetivos y circunstanciales. Los ciudadanos considerados dignos de participar en la construcción de la nación, y de sus influencias más allá de sus fronteras, varían según un conjunto de consideraciones pragmáticas vinculadas con necesidades apremiantes. De esta forma, con excepción de algunos grupos realmente marginales o irrecuperables, todos pueden participar en las tareas del estado-nación. Si el discurso sobre el sexo y sus verdades se empeñó en eliminar individuos defectuosos y poblaciones degeneradas y bastardizadas por un lado,[1] ha-

1. Michel Foucault (1990), *Historia de la sexualidad,* vol. I, *La voluntad de saber* (Siglo XXI, Madrid), p. 68.

bía quien apuntaba a la recuperación de ciertos de estos degenerados para tareas bien delimitadas y específicas. Incluso los bastardos podían ser útiles para el estado moderno, como argumentaba De Chamousset en su *Mémoire politique sur les enfants*, en la ejecución de sus «tareas nacionales», como la colonización, la milicia y la marina. Su lógica se fundaba precisamente en la suposición de que los bastardos carecían, según él, de obligaciones y lazos familiares que les unían a su tierra. Estarían, por lo tanto, preparados a entregarse al «último sacrificio», que casi sería una liberación para ellos, hundidos en su desamparada condición:

> Sin padres, sin más sostén que el que les procura un sabio gobierno, no están apegados a nada, nada tienen que perder; incluso la muerte podría parecer formidable a tales hombres a los que nada une a la vida, y a los que desde niños se podría familiarizar con el peligro. No debe ser difícil lograr que miren con indiferencia la muerte y los peligros personas educadas en esos sentimientos y a los que no distraerá ninguna ternura recíproca. También serán buenos para proporcionar marineros, suplir a las milicias o poblar las colonias.[2]

Aunque no llega al extremo de sugerir que los niños serían buena materia para ir a la guerra (¿tal vez si se les entrena desde pequeños se les podría convencer?), De Chamousset reconoce la importancia de la educación desde la infancia en el proceso de desensibilización ante la muerte y, se supone, ante la matanza de otros seres humanos. Es probable que muchos se retorcieran ante las sugerencias de este hombre y algunos habrán pensado que había límites que no se debían traspasar. Hoy día, cuando prima en el discurso de los estados democráticos la «multiculturalidad» (sin implicar necesariamente la «interculturalidad»), y de acuerdo con planteamientos más transnacionales (el sujeto actor del capitalismo ya no está restringido a la esfera «nacional»), los recursos humanos siguen ensanchándose.

Pero con ciertos reparos. En junio del 2003, después de la proclamación del fin de la guerra en Irak, los Estados Unidos de América se apresuraron por crear en julio del mismo año un Ejército iraquí, depurado de los elementos del alto mando del

---

2. Citado en Jacques Donzelot (1990), *La policía de las familias* (Valencia: Pre-textos), p. 14.

partido Baaz. Los EE.UU. subvencionarían este nuevo ejército y pagarían a los antiguos soldados de Sadam Hussein salarios de entre $50 y $150 al mes, ligeramente más bajos que los que los militares iraquíes percibían bajo el dictador. El «ministro» de Seguridad y Defensa de la Autoridad Provisional de la Coalición, Walter Slocombe, dijo que Irak, en los tiempos de Sadam, era un país «grotescamente supermilitarizado», como si EE.UU. no lo fuera, y que no había cabida ya para todos en el ejército nuevo. «Nadie tiene garantizado el trabajo, pero sí le podemos garantizar que tendrá oportunidades», afirmó a la prensa.[3]

De esta forma, las prácticas neoliberales salen ilesas del nuevo amanecer iraquí; el Estado ya no mira por el bienestar de los ciudadanos, sino que ofrece «oportunidades» que el «libre individuo» asume libremente. Nadie tiene garantizado el trabajo. Mientras que los iraquíes ex-soldados de Sadam son necesarios para mantener el orden y para suavizar el potencial de manifestaciones, posiblemente violentas, de los propios iraquíes,[4] algunos otros ejércitos, para su propia supervivencia, necesitan aceptar mano de obra importada. Desde que se abolió el Servicio Militar Obligatorio en España, el ejército de este país padece una baja en sus filas que requiere nuevas estrategias de reclutamiento. Además de galardonarse con el estatus de defensor de la paz o gestores de conflictos, y ya no artificio de la guerra (véase el envío de tropas españolas en «misión humanitaria» a Irak en 2003), el ejército español ahora viene a ser promotor de la multiculturalidad, admitiendo a extranjeros «como medida de integración social de los inmigrantes».[5]

Sin embargo, esta nueva estrategia no abriría las puertas a todos; sería necesario puntualizar a quiénes y a cuántos se les va a permitir participar en este nuevo experimento de integración social. Para que las diferencias culturales no desaborden la propia lógica del programa, los nuevos reclutas provendrían de la «co-

---

3. «EE.UU. anuncia la creación en julio de un nuevo Ejército iraquí», *El País*, 24/06/03, p. 4.

4. Varias veces, a lo largo del verano y otoño de 2003, ha habido manifestaciones violentas y motines de antiguos soldados, que pedían salarios y pensiones, y de ciudadanos en Iraq. Ver, por ejemplo, la noticia «Cientos de ex militares iraquíes se enfrentan a tiros y pedradas con soldados de EE.UU.», *El País*, 5/10/03, p. 8.

5. www.mde.es, Notas de prensa, 29/11/2002 sobre el decreto 1244/2002, «Aprobado el Reglamento de acceso de extranjeros a la condición de militar profesional de tropa y marinería». La nota reza así: «El Consejo de Ministros ha aprobado hoy el Reglamento de acceso de extranjeros a la condición de militar profesional de tropa y marinería, como medida de integración social de los inmigrantes...».

munidad hispanoamericana y de Guinea Ecuatorial». Además, para poder solicitar una plaza es necesario encontrarse en situación de residencia temporal o permanente en España y cumplir las demás condiciones normalmente exigidas a los españoles.

Los y las soldados admitidos firmarían un compromiso de por lo menos tres años de servicio con las fuerzas armadas y, de adquirir posteriormente la nacionalidad española, podrían seguir como militares profesionales y acceder a las Escalas de Suboficiales (pero no, se supone, a los altos mandos del ejército o de la Marina). La formación que recibirían sería igual que la de los españoles, aunque se adaptarían los planes de estudio para proporcionarles conocimientos acerca de «los valores y principios constitucionales, históricos y culturales de España».[6] Debemos preguntarnos si tal programa de estudios incluiría un sesudo análisis del papel histórico del Ejército español en la sujeción de sus pueblos hasta principios del siglo XIX.

Esta formación en los valores y la cultura de la nación que recibe a los inmigrantes soldados coincide con otros proyectos de «aculturación» de extranjeros para integrarles en el país que les ofrece un lugar. En Canadá ya hay que jurar lealtad al país ante un tribunal, y el ministro del Interior británico, David Blunkett, ha anunciado, en el verano del 2003, que quiere dar semejante paso en Gran Bretaña. ¿Pero, cuántos son los que un Estado puede absorber? Según el Ministerio de Defensa de España, el cupo máximo de extranjeros sería del 2 % del total de la tropa y de la marinería.[7] Es, se supone, una cifra manejable, que no implicaría ningún peligro para la pérdida de esos valores antes mencionados.

Hasta la fecha, el interés por esta nueva modalidad del Ejército español ha sido variable. En Alicante, por lo menos, el Ejército sólo atraía el interés de 22 inmigrantes en el primer día de captación.[8] En otras tierras el éxito habrá sido mayor. Y, de acuerdo con el discurso de las oportunidades afirmado por Walter Slocombe, a un ecuatoriano, Calderón Arias, de 22 años, no le importaría «ir a Irak a defender a España, porque aquí nos han dado una oportunidad».[9]

---

6. www.mde.es, *op. cit.*
7. www.mde.es, *op. cit.*
8. www.elpais.es, archivo, «Soldados a cambio de papeles», *El País* (edición de la C. Valenciana), 08/01/03.
9. www.elcomercioperu.com.pe, «Jóvenes soldados latinoamericanos dispuestos a luchar por España», 15/03/03.

En tiempos pasados había otros que, aunque de nacionalidad española, no estaban dispuestos a luchar ni por España ni contra sus enemigos a cambio de papeles; eran ciudadanos con derechos, pero era como si no los tuvieran en la España de principios del siglo XX, inmersa en guerras coloniales y represión salvaje de movimientos que no llegaban a secundar los valores nacionales. Todavía, en gran parte sin que se haya escrito su historia, algunos movimientos antimilitaristas en España a principios del siglo XX no eran simplemente contrarios a la guerra o a la inscripción en las filas militares. Sin olvidar los acontecimientos de la «Semana Trágica» de julio de 1909,[10] un levantamiento popular contra otra llamada a filas para ir a luchar a Marruecos, ni el movimiento que hizo posible aquella revuelta. Había otro grupo, los radicales neomaltusianos, que se oponía tanto a la guerra como a la procreación de niños que llegarían a ser o «carne de cañón» o «carne de fábrica» para el imperialismo o el capitalismo.

Aunque participaban en lo que Foucault ha identificado como el cuidado de la población como aspecto del biopoder, pero, se podría argumentar, desautorizando el papel del Estado y negándose a acatar las tesis pronatalistas del periodo, los neomaltusianos proponían que una forma de conjurar los desastres pronosticados por Malthus, como las guerras y las hambrunas para limitar la población, era la limitación voluntaria y consciente de las familias.[11] En vez del programa de los «viejos maltusianos» que abogaba por la abstención del acto sexual para reducir el peligro de la «sobre-población», los nuevos maltusianos admitían el uso de los anticonceptivos, que permitirían el placer sexual sin concebir más hijos. En este sentido, el neomaltusiano Gabriel Hardy escribía que la *moral restraint* propuesta por Malthus era impracticable, dadas las necesidades de autodominio que eso implicaría. En vez de esta negación de las relaciones

---

10. Joan Connelly Ullman, *The Tragic Week: a study of anticlericalism in Spain, 1875-1912* (Cambridge, Mass.: Harvard University Press).

11. Sobre Francia, ver Jacques Donzelot, *La policía de familias*, *op. cit.*; Francis Ronsin (1980), *La grève des ventres* (Poitiers: Aubier Montaigne); sobre España, ver Mary Nash (1984), «El neomaltusianismo anarquista y los conocimientos populares sobre el control de natalidad en España», en M. Nash (ed.), *Presencia y protagonismo: Aspectos de la historia de la mujer* (Barcelona: Ediciones del Serbal), pp. 307-340; Richard Cleminson (2000), *Anarchism, Science and Sex: Eugenics in Eastern Spain, 1900-1937* (Oxford: Peter Lang), pp. 109-158.

sexuales, los neomaltusianos proponían «reemplazar esta abstención, que es muy problemática, por el empleo de medios destinados a impedir la fecundidad. No quieren, no —seguía el autor—, desconocer el amor, el goce, el cual no consideran de ningún modo que sea inmoral, pero quieren evitar las fastidiosas consecuencias del contacto sexual, y sobre todo, el nacimiento de hijos condenados a una vida de miserias».[12]

Era la oposición a ese mundo de miserias que animaba al director de *El Nuevo-Malthusiano*, Luis Bulffi, a apelar al «Luchador» para que se opusiera al «estado actual de régimen ignominioso» para crear otra forma de relaciones entre los humanos y «para acabar con la infame explotación del hombre por el hombre».[13] Parte de esta lucha sería la antimilitarista:

> Luchador, ¿quieres ver la tierra libre de ejércitos que se asesinan [*sic*] en los campos de batalla por tal o cual capricho de un Czar [Zar] o por el afán de robar a otra nación territorio donde abrir nuevos mercados para mejor explotar al proletario después de haberle visto derramar su sangre?[14]

Este tipo de discurso nos recuerda que son demasiadas las veces que se han interpretado los comentarios de Foucault sobre la sexualidad como una descripción de un sistema cerrado de discursos que amparan todo y todo lo controlan sin dejar posibilidades para la resistencia.[15] Foucault, sin embargo, era muy consciente de las posibilidades de resistencia que el poder producía, de discursos que desde el propio poder «desautorizaban» otros discursos. Uno de los casos más obvios es el de la homosexualidad, desde cuya atalaya algunos comentaristas empezaron a plantear una defensa de la misma utilizando los mismos recursos que el poder utilizaba para descalificarla. Este «discurso reverso» constituye un efecto del poder que ilustra el funcionamiento de dispositivos como el biopoder.

---

12. G. Hardy (1904), «La lucha por la existencia y el neomalthusianismo», *Salud y Fuerza*, 1, pp. 2-4 (p. 4).
13. Luis Bulffi (1906), «Por el bienestar inmediato», *El Nuevo-Malthusiano*, 3, pp. 17-18 (p. 17).
14. Luis Bulffi, *op. cit.*
15. Entre los muchos autores que han tratado este tema, véase Irene Diamond & Lee Quinby (eds.) (1988), *Feminism and Foucault: Reflections on Resistance* (Detroit: Northeastern University Press) y Lois McNay (1992), *Foucault and Feminism: Power, Gender and the Self* (Cambridge: Polity Press), esp. pp. 38-40.

En el resto de este artículo se propone tratar tres ejemplos, o lo que se podrían llamar instancias en que el biopoder se ha ejercido en España, no simplemente con efectos prohibicionistas, sino, a primera vista por lo menos, con resultados productivos. Los tres ejemplos son tomados de distintos periodos de la España contemporánea y provienen de diversas fuentes. La primera instancia la situamos en el año 1929, en las postrimerías de la dictadura del General Miguel Primo de Rivera. Nos enfocamos en un libro publicado por el teólogo Jaime Torrubiano Ripoll acerca de un problema candente para la Iglesia católica en aquel momento, es decir, las relaciones entre el matrimonio y la nueva ciencia de la eugenesia.[16] Ante la avalancha de textos publicados acerca de la eugenesia, Torrubiano Ripoll intenta situar el catolicismo en la arista entre el secularismo sexológico y la teología más tradicional, que se oponía a todo tratamiento de la sexualidad fuera de los preceptos católicos más estrictos.

Para nuestro segundo ejemplo saltamos a la época del franquismo para considerar el interés del régimen por algo muy poco estudiado: sus planteamientos acerca de la homosexualidad y, en especial, sus centros de «rehabilitación» de homosexuales de los años 50 y 60.[17] Las técnicas de conocimiento del hecho y cuerpo homosexual se presentan como medidas para contener lo que era para el régimen franquista un peligro para una población más amplia, una amenaza para la salud del Estado.

La tercera instancia que revisamos sigue la pista de la homosexualidad pero la sitúa en la Andalucía de este siglo. Específicamente, se concentra en la nueva legislación acerca de las parejas de hecho que contiene una alusión a las parejas de hombres y a las de mujeres. Víctimas de las más completas discriminaciones en tiempos anteriores, ahora los homosexuales son «recuperados» como seres con derechos, «útiles» para la sociedad si siguen ciertas reglas y pautas en su inscripción como pareja jurídicamente «de verdad».[18]

---

16. Nos referimos a su libro *Teología y eugenesia* (Morata: Madrid, 1929).

17. Fernando Chamorro Gundín (1970), *Resultados obtenidos con técnicas proyectivas en una muestra de 200 delincuentes homosexuales españoles* (Madrid: Dirección General de Instituciones Penitenciarias). Doy las gracias a Francisco Vázquez García por haberme traído la atención a este estudio.

18. Me basaré en el documento «Ley 5/2002, de Parejas de Hecho», en *Boletín Oficial de la Junta de Andalucía*, 153, Sevilla, 28/12/02, pp. 24.999-25.003.

Teología y Eugenesia

Si «La medicina de las perversiones y los programas de eugenesia fueron en la tecnología del sexo las dos grandes innovaciones de la segunda mitad del siglo XIX»,[19] eso no implica que esas tecnologías fueran discursos y prácticas unitarios, sin sus diferencias de énfasis e incluso conflictos según el campo desde donde se expresaban. De esta manera, había una variante de eugenesia racista, otra nazi, una expresión izquierdista y muchas variedades intermediarias. Sorprenderá tal vez la existencia de una eugenesia católica. Aunque la Iglesia católica, con la encíclica de 1930, «Casti Connubi», puso fin a la incipiente relación entre la eugenesia y la Iglesia, había voces anteriores y posteriores que abogaban por un acercamiento entre ambas.

Ante el imperativo de procrear sanamente y de evitar la propagación de seres humanos con «taras» biológicas, en España creció una corriente eugenésica de muchas facetas e inspiraciones ideológicas. Ya que la cuestión de la procreación había sido históricamente el terreno de la Iglesia, no podía faltar su voz. La organización y ordenamiento de la vida no se realizó solamente desde lo secular, sino que, en el siglo XIX, muchos de los manuales que trataban el matrimonio y la vida sexual de los cónyuges lo hacían desde marcadas posiciones religiosas y morales. Los pocos católicos en España que trataban el tema de la eugenesia con paciencia, no rechazándola fuera de consideración, eran conscientes del reto que les suponía la secularización de la vida sexual de acuerdo con el crecimiento de las ciencias sexológicas. O podían volver la cara y condenar la eugenesia o podían intentar competir en el mismo terreno discursivo que la propia ciencia.

Competir de esta forma, marcando sus distancias, fue lo que hizo el autor de *Teología y eugenesia*, el canonista Jaime Torrubiano Ripoll. Cuando escribió este libro, en 1929, ya había tenido disputas con la doctrina católica por su apoyo a ciertos aspectos de la eugenesia y de la educación sexual. Torrubiano Ripoll habría sido uno de los participantes en el malogrado simposio sobre la eugenesia que fue prohibido por Real Decreto en 1928.[20]

---

19. Foucault, *op. cit.*, pp. 143-144.

20. Pilar Pérez Sanz y Carmen Bru Ripoll (1987), «La Sexología en la España de los años 30. Tomo I. Las jornadas eugenésicas de 1928 y 1933», *Revista de Sexología*, 30, pp. 1-89 (pp. 13-19).

El autor, seguramente más astuto y más democrático que algunos de sus compadres, reconocía que era necesario participar en los nuevos debates sobre sexualidad que iban teniendo la sociedad y la ciencia españolas en los años veinte y treinta. Intervenía en el debate con un firme propósito en la mente:

> El problema más grave que se le plantea al matrimonio es el de la Eugenesia. El fin principal del matrimonio es la procreación, pero procreación sana. A la recta solución del problema eugénico se ha opuesto siempre la falsa concepción de la doctrina de la Iglesia respecto a la limitación de los hijos. Resolver el problema de la limitación de los hijos es hacer dar un paso avanzado a la Eugenesia. Y empujar a la Eugenesia es defender al Matrimonio...
>
> He ahí por qué he consentido que mi libro *Teología y Eugenesia* fuera incorporado a la nueva serie de las ediciones Morata bajo el subepígrafe de orden «AL SERVICIO DEL MATRIMONIO».[21]

El libro recibió igualmente el sello de aprobación del notable jurista Luis Jiménez de Asúa, arquitecto de la Constitución republicana y autor de *Libertad de amar y derecho a morir*.[22] En su prólogo a *Teología y Eugenesia*, Jiménez de Asúa reconoció el valor de la obra de Torrubiano Ripoll en cuanto desenmascaraba lo artificioso de los alegatos de los teólogos «imbuidos de prejuicios, [que] tratan de defender las más contradictorias posiciones». Y, unas líneas más abajo, el jurista da en el clavo. Los que están ausentes de creencias religiosas, apunta, no precisan resolver «el falso conflicto entre nuestras convicciones científicas y el dogma católico», pero el libro sirve igualmente para acrecer «el arsenal de datos para mover la ajena convicción». En otros, sin embargo, como entre la burguesía española, más temerosa que creyente del catolicismo, la obra traerá «incalculables beneficios». Esta clase era uno de los blancos tradicionales de la eugenesia «positiva»; si la burguesía produjera mejores vástagos la nación entraría en una fase de recuperación y se consolidaría con una estirpe sana. En todo caso, según Jiménez de Asúa, el libro de Torrubiano traería paz a los conturbados espíritus que estaban

21. Torrubiano Ripoll, *op. cit.*, sin página.
22. Luis Jiménez de Asúa (1928), *Libertad de amar y derecho a morir: ensayos de un criminalista sobre eugenesia, eutanasia, endocrinología* (Madrid: Historia Nueva).

«amargados en la intimidad de su conciencia católica por el miedo a transgredir las normas religiosas que profesan».[23]

En su libro el canonista intentaba trazar una fina línea entre el respeto hacia el matrimonio católico y las aportaciones de la nueva ciencia eugenésica. Notaba que la Iglesia no había formulado ninguna doctrina acerca del «neomaltusianismo», es decir, del uso de aparatos que impedían la concepción. Las congregaciones romanas, seguía, sí que habían condenado, igual que la ciencia, el *coitus interruptus*, condena con la cual el autor estaba de acuerdo aunque esta condenación tenía carácter solamente disciplinar. El teólogo reconocía que las prácticas anticonceptivas eran siempre ilegítimas si su único fin era buscar más placer, una mayor comodidad o para evitar «toda molestia normalmente tolerable». Sin embargo, si el empleo de los anticonceptivos tenía un fin más noble, en los casos extraordinarios «para impedir graves daños en la madre, en el hogar, en la prole presente o futura, o en otros intereses seriamente respetables», era aceptable.[24]

De esta manera, Torrubiano disolvía cualquier oposición a los anticonceptivos que venía de una posición católica. No llegando a los «extremos» de los anarquistas, que abogaban por el empleo de los anticonceptivos precisamente para acceder a relaciones más placenteras, el teólogo lograba hermanar el catolicismo con la eugenesia y la ciencia moderna mediante la aceptación de casi todos los argumentos en pro de la «raza mejor» tan anhelada por los eugenistas. Aunque mantenía el criterio católico acerca de la disciplina de los cuerpos y su rechazo a la obtención de mayor comodidad, abrazaba la ciencia de una manera que dejaba escaso lugar para los argumentos de la Iglesia:

> La determinación de estos casos justificantes de los procedimientos anticoncepcionales compete teóricamente a la Ciencia moral necesariamente auxiliada por la Medicina, y en la práctica, al juicio de un médico competente, serio y de buenas costumbres, auxiliado por el recto sentido propio y el de personas debidamente ilustradas y morales.[25]

---

23. Todas las citas en este párrafo vienen de Luis Jiménez de Asúa, «Carta-Prólogo», en Torrubiano, *op. cit.*, sin páginas.
24. Torrubiano, *op. cit.*, p. 195.
25. *Ibíd.*, p. 196.

El intento de Torrubiano de fusionar la eugenesia con el catolicismo se consolidó en los años treinta, bajo los auspicios del régimen más liberal de la Segunda República. En 1933 algunos de los eugenistas, entre otros, que habían organizado las malogradas conferencias de 1928, celebraron las «Primeras Jornadas Eugénicas Españolas». Estas jornadas se realizaron entre el 21 de abril y el 10 de mayo de 1933 y eran divididas en un cursillo social y 24 cursillos técnicos. Jaime Torrubiano contribuyó a estas jornadas bajo la rúbrica del curso social y dio lectura a una conferencia titulada «El Cristianismo es el mejor auxiliar de la Ciencia Eugénica».[26] En esta intervención, que ponía las dos virtudes cristianas, la castidad y la modestia, al servicio de la ciencia eugenésica, Torrubiano proseguía con su ecléctica mezcla de ambos campos. De esta forma, la teología entraría de lleno en la eugenesia, y viceversa, para fortalecer el matrimonio y la procreación, dos de los supremos objetivos cristianos. El autor reconocía que este posicionamiento le había colocado en una postura «no buscada ni deseada [...] de hostilidad frente a los dos enormes poderes que en sus mismos calificativos llevaban intrínseco extravío: el Estado canonizado y la Iglesia civilizada; es decir, una Iglesia civilmente oficial y un Estado oficialmente religioso».[27]

Las dificultades de tal postura le costaron dolores y «agonías mortales», pero seguía en su propósito, tributando «culto al dolor como al mejor formador y vigorizante del alma». Con base a su interpretación de la eugenésica como ciencia que tenía por objeto «la obtención de ejemplares humanos cada vez más perfectos, física y espiritualmente, inspirándose en las leyes de la vida orgánica y supraorgánica, obedeciéndolas y poniendo aquellos medios en los cuales puedan ellas cumplirse con más holgura y perfección»,[28] Torrubiano aducía que dos factores imprescindibles para el mejoramiento de la especie eran las dos calidades mencionadas, la castidad y la modestia.

Sin embargo, la castidad no sería la que cabría en la teología tradicional cristiana. Para el canonista, la castidad no significa-

---

26. En Enrique Noguera y Luis Huerta (eds.) (1934), *Genética, Eugenesia y Pedagogía Sexual* (Madrid: Morata), dos tomos, t. I., pp. 60-84. Las otras intervenciones en este apartado incluían, por ejemplo, Matilde de la Torre, «Feminismo y pacifismo», Pío Baroja, «El tema sexual en la Literatura», y G.R. Lafora, «Pedagogía sexual».

27. Torrubiano, «El Cristianismo», *op. cit.*, p. 60.

28. Las citas son de Torrubiano, «El Cristianismo», *op. cit.*, pp. 60 y 61.

ba necesariamente la abstención del acto sexual en las relaciones humanas. La castidad, en sus palabras, no sería «la abstinencia absoluta del ejercicio de las facultades genitales, sino aquel ejercicio moderado de ellas, ya en matrimonio, ya fuera de él, que sea compatible con la perfecta salud del cuerpo, la normalidad de la función mental y el cumplimiento de los deberes sociales».[29] La castidad, excelsa virtud cristiana, viene a ser incorporada en la ciencia eugénica como elemento de autogobierno para evitar los excesos provocados por «un ambiente de vicio que nos abrasa».[30] Los vicios y excesos que amenazaban a los seres humanos tenían que ser controlados por la propia disciplina, el autocontrol. Torrubiano otra vez:

> El perfecto equilibrio corporal, mental y moral del hombre, la obtención de un perfecto ejemplar humano que transfiera por la generación a sus descendientes toda su salud y todo su equilibrio, supone una labor constante e ininterrumpida de freno y control sobre nosotros mismos; una imposición de *modo* y límite a todos nuestros actos interiores y exteriores; un cercenamiento constante de nuestras torcidas inclinaciones para someterlas en todo momento al dictamen de la razón.[31]

Por su lado, como esta cita sugiere, la modestia, o el modo de comportarse con moderación, funcionaría en concierto con la castidad, limitándola, cercenándola, moldeándola para «conseguir aquel equilibrio integral que es resultante de la salud del cuerpo y del espíritu, aquella tonalidad bella y atrayente que es señal de perfección en el ejemplar humano».[32]

Tanto la castidad y la modestia, como virtudes cristianas, según el esquema de Torrubiano, convergen con una práctica netamente secular, la ciencia de las poblaciones, es decir, con la eugenesia. Esta vertiente de las «tecnologías del yo», de la facultad de autodisciplina que Foucault analizó a partir de los escritos de los filósofos griegos, y la gestión alrededor del conocimiento del yo evidente en la temprana teología cristiana, no ha desaparecido en la España de los años treinta; más bien se ha incorporado como otro elemento en las nuevas ciencias sexoló-

---

29. *Ibíd.*, *op. cit.*, p. 63.
30. *Ibíd.*, *op. cit.*, p. 64.
31. *Ibíd.*, *op. cit.*, pp. 64-65.
32. *Ibíd.*, *op. cit.*, p. 65.

gicas y eugénicas tan en auge en el país a principios de siglo. Recuerda las palabras de Foucault acerca de esta disciplina en la obra tardía de Platón:

> El acento se coloca sobre la relación consigo mismo que permite no dejarse llevar por los apetitos y los placeres, conservar respecto a ellos dominio y superioridad, mantener los sentidos en un estado de tranquilidad, permanecer libre de toda esclavitud interior respecto a las pasiones y alcanzar un modo de ser que puede definirse por el pleno disfrute de sí mismo o la perfecta soberanía de sí sobre sí mismo.[33]

En este sentido, la eugenesia (o la teología) abogada por Torrubiano tenía algo en común con esas otras eugenesias que proponían la transmisión —por herencia o por los efectos del medio ambiente— de características «morales» como la bondad, el apoyo mutuo o la solidaridad.[34] Él invitaba a que las virtudes de la generosidad, la seriedad, la paciencia y la perseverancia fueran incorporadas como aspectos eugénicos a perseguir también.[35]

Homosexualidad y Peligrosidad Social

La homosexualidad, no solamente en España, sino en otros muchos países, ha sido, en la mente de muchos médicos y legisladores, una práctica que invitaba a la desmoralización del comportamiento sexual de la población y, por lo tanto, ha constituido objeto de intervenciones médicas y jurídicas para limitar su influencia y persistencia, muchas veces bajo un régimen punitivo que la consideraba como componente de una amplia gama de prácticas que recibieron la designación de «peligrosidades sociales». Teniendo este último concepto su origen en el siglo XIX, ante la amenaza que las clases «peligrosas» ofrecían al orden burgués en términos políticos y sanitarios, fue aplicado en ciertos periodos posteriores para permitir una intervención a veces

---

33. Michel Foucault citado en Ricardo Llamas (1998), *Teoría torcida. Prejuicios y discursos en torno a la «homosexualidad»* (Madrid: Siglo XXI), p. 227.
34. Vemos un fuerte énfasis en cualidades como éstas en movimientos de la izquierda, sobre todo de la izquierda utópica, desde el socialista libertario británico Edward Carpenter hasta los anarquistas españoles.
35. Torrubiano, «El Cristianismo», *op. cit.*, pp. 68-69.

discursiva, otras veces jurídica y material, en las vidas de los que practicaban este tipo de relaciones afectivas y sexuales.[36]

Mientras que la historia de la homosexualidad bajo el franquismo —tanto masculina como femenina— comienza ahora a ser entendida, un examen de las fuentes disponibles sugeriría que hay amplias oportunidades para comenzar a trazar unas líneas muy ricas de investigación histórica. A primera vista, una gran proporción de esta historia se concentraría en la represión de la homosexualidad —o mediante la promoción de los valores asociados con la familia y la heterosexualidad,[37] o mediante una intervención jurídica muy fuerte—, pero habría igualmente que esbozar las resistencias y los espacios de libertad vividos por los propios homosexuales y lesbianas en los cuarenta años de dictadura.[38]

A pesar de que el régimen franquista no se embarcó en una represión tan despiadada de la homosexualidad como hizo en el caso de otros sectores disidentes, como los de la izquierda, sindicalistas y otros opositores, ni alcanzó en este sentido el grado de exterminio practicado por los «nacionalsocialistas» alemanes, hay evidencia de la incautación de homosexuales en los campos de concentración de los años cuarenta,[39] y hubo internamiento de homosexuales en «centros especiales» en los años sesenta y setenta. Para denunciar esta historia, los homosexuales reprimidos por el régimen han formado parte de las voces que reclaman compensación por los abusos del franquismo.

---

36. Sobre el concepto de la peligrosidad social, véase Ricardo Campos Marín, José Martínez Pérez y Rafael Huertas García-Alejo (2001), *Los Ilegales de la Naturaleza. Medicina y degeneracionismo en la España de la Restauración (1876-1923)* (Madrid: CSIC). Sobre la relación entre homosexualidad y peligrosidad social forjada bajo el franquismo, se puede consultar Llamas, *op. cit.*, p. 246.

37. Un ejemplo del combate contra los «peligros» de la homosexualidad sería la guía de buenos modales y de preparación para el matrimonio del eugenista Antonio Vallejo Nágera (1946), *Antes que te cases...* (Madrid: Editorial Plus-Ultra), pp. 133-138. En estas páginas, el doctor se refiere a las «crisis» de feminidad y de virilidad que implican que las mujeres y los hombres han perdido su esencia femenina y masculina. Como parte de la pérdida de virilidad está «el pavoroso problema de la inversión sexual» y «la influencia nefasta del medio ambiente en el incremento terrible de la homosexualidad adquirida» (p. 136).

38. En este sentido, un artículo interesante en cuanto a la resistencia diaria practicada por mujeres pobres prostitutas para burlar las atenciones del régimen es Clive Beadman (2000), «"Cimentada en el sillar firmísimo de la familia cristiana" and "Viudas de medio pelo": Illicit prostitution in 1940s Spain», *International Journal of Iberian Studies* 13(3), pp. 157-166.

39. Rafael Torres (2002), *Víctimas de la victoria* (Madrid: Oberon), pp. 104-106.

El nazismo estableció un comité para la supresión de la homosexualidad y del aborto en 1936, y el franquismo, en septiembre de 1967, creó un Departamento de Homosexuales ligado a la Central de Observación de la Dirección General de Instituciones Penitenciarias instalado en el Hospital Penitenciario.[40] A pesar de las posibles similitudes, sin embargo, el departamento franquista tiene más en común con otras instituciones establecidas en los años treinta como el neoyorquino «Committee for the Study of Sex Crimes». Por sus similitudes con el departamento español, conviene resaltar algunos de los propósitos de este comité, separado por treinta años y ubicado en otro país, pero llamativo por su funcionamiento y su filosofía, muy parecidos.

El «Committee for the Study of Sex Crimes», respuesta a una serie de crímenes sexuales cometidos contra niños en la capital, examinaba todo tipo de delitos sexuales, desde el adulterio, la violación, el incesto, las prácticas sexuales con menores, los delitos de escándalo público y las prácticas sexuales «perversas». Los actos que recibían más atención de los psiquiatras encargados de revisar los casos eran los que afectaban a los menores de edad y las prácticas homosexuales entre adultos consintientes. El comité se estableció en aras de otro estudio centrado específicamente en los homosexuales, lesbianas e «intersexuales», el «Sex Variants Committee». Este comité, aunque relativamente progresista en su tratamiento de los homosexuales, favoreciendo el trato humano y científico del «problema» y no la represión legal, consideraba la homosexualidad una manifestación patológica de la vida sexual que, para el beneficio de la sociedad, era necesario corregir. Un historiador entiende los propósitos de dicho comité en estos términos:

> La identificación de problemas patogénicos dentro de la familia sirve como base para las estrategias preventivas. La insidiosa predisposición a [la presencia de] mujeres dominantes y varones sumisos, que fue destacada en muchas de las historias familiares de

---

40. Sobre el Reichszentrale zur Bekämpfung der Homosexualität und der Abtreibung (Agencia Central del Reich por el Combate contra la Homosexualidad y el Aborto) y el tema de la homosexualidad en general en el periodo nazi, consúltese Stefan Micheler 2002, «Homophobic Propaganda and the Denuciation of Same-Sex-Desiring Men under National Socialism», *Journal of the History of Sexuality* 11 (1/2), pp. 95-130.

> los casos de variantes sexuales, justifica las firmes recomendaciones para los padres y matrimonios de que se adhieran al patrón de familia tradicional de dominación masculina y servilismo femenino [...] No sólo era la prevención necesaria para contener la extensión de la homosexualidad, sino que el tratamiento era también primordial para las variantes sexuales, según los objetivos del comité de promover la salud marital y familiar.[41]

El énfasis en los caracteres «patológicos» de los antecedentes parentales del sujeto confirma la misma línea de las indagaciones en las enfermedades mentales y los casos de «psicopatía sexual» de mediados del siglo XIX, notablemente en los análisis de los homosexuales hechos por médicos legales y psiquiatras en muchos países europeos y en Estados Unidos.[42] Por su parte, el comité para el estudio de los crímenes sexuales sería compuesto por miembros de las profesiones tradicionalmente asociadas con el control social y la gestión de la «delincuencia»: psiquiatras, abogados y criminólogos. El franquismo, todavía padeciendo los retrasos científicos acarreados por el hermetismo del régimen y el peso de las tradiciones, estableció el Equipo Técnico de su comité por el control de la homosexualidad con la participación de un médico-endocrinólogo —en sí una figura más común en los años treinta—, un psiquiatra y un psicólogo-clínico.[43]

El Departamento Especial de Homosexuales observó, para redactar su informe, a lo largo de más de dos años, a «homosexuales delincuentes» masculinos que pasaron por un periodo aproximado de veinte días, en grupos de seis, por el Departa-

---

41. El texto original dice así: «The identification of pathogenic family problems served as the rationale for preventive strategies. The insidious strain of dominant females and submissive males, which was prominent in many of the family histories of the sex variants cases, warranted strong recommendations for parents and marital couples to adhere to the traditional family pattern of male dominance and female subservience [...] Not only was prevention necessary to contain the spread of homosexuality, but treatment was also paramount to the sex variants committee objectives of promoting marital and family health». Henry L. Minton (2002), *Departing from Deviance: A History of Homosexual Rights and Emancipatory Science in America* (Chicago/Londres: University of Chicago Press), p. 54. Traducción propia.

42. Para un estudio de los cambios en los discursos acerca de la homosexualidad masculina entre los médicos en España, véase Francisco Vázquez García 2002, «El discurso médico y la invención del homosexual (España 1840-1915)», *Asclepio* 53(2), pp. 143-162.

43. Chamorro Gundín, *op. cit.*, p. 6.

mento. Observados separadamente de los otros ocupantes de la Central de Observación, los sujetos eran «casos de internos ya sentenciados, respecto a los cuales los Equipos de Observación de los Centros de Detención han adquirido la convicción o fundadas sospechas de que presentan anomalías de tipo homosexual».[44] El informe publicado consiste en tres partes. La primera constituye una introducción al tema homosexual con una descripción de la muestra y de los aspectos jurídico-criminológicos de la misma. La segunda es una exposición de las técnicas proyectivas aplicadas para conformar el estudio, y la tercera consiste en una serie de estudios más detallados sobre casos particulares. Este no es el lugar para analizar detalladamente todas estas secciones —la segunda, en especial, está muy cargada de estadísticas y de los resultados de varios tests hechos en los sujetos—, pero esperamos dar alguna impresión del contenido del informe, con hincapié en los elementos que delatan el deseo de gestión de la sexualidad expresada por expertos diversos.

En el apartado sobre consideraciones generales en cuanto a la homosexualidad, el autor entra en una descripción de las posibles etiologías de la misma y las técnicas de identificación de los homosexuales. Partiendo del hecho de que desde finales de la segunda guerra mundial las detenciones por delitos de homosexualidad han ido en aumento, se supone que la práctica de la misma se ha hecho más común. Esto sería, por lo tanto, una de las justificaciones del estudio, si no de la propia existencia del Departamento.[45] Como es habitual en estudios psiquiátricos y criminológicos de la homosexualidad, se entra en una discusión acerca de la relativa importancia de la herencia y el ambiente en producir el sujeto homosexual y, como además es muy común en este tipo de discurso, no se llega a afirmar que un campo de expertos tiene más razón que el otro. De hecho, se opta por una racionalización que mezcla las dos explicaciones:

> [...] para nosotros, todos son congénitos; y a la vez, todos son adquiridos. En estos tiempos en que la Medicina se orienta fuertemente en el sentido constitucional, es muy violento suponer que una alteración tan ligada a la profundidad psicológica e instintiva como el homosexualismo, pueda aparecer sin una base

44. *Ibíd.*, pp. 5-6.
45. *Ibíd.*, p. 9.

> de predisposición original. Pero, a su vez, los factores condicionantes del medio tienen una influencia decisiva en la aparición o en la inhibición de aquella tendencia.[46]

Reconociendo que algunos homosexuales inciden en prácticas heterosexuales antes de confirmar sus preferencias homoeróticas, para el informe los homosexuales constituirían los individuos cuyo impulso sexual se dirige exclusivamente, o de preferencia o habitualmente, a otros del mismo sexo, con los que experimentan «sensaciones orgásmicas». Para identificar a sus sujetos, es necesario proceder a una tipología de homosexuales, otra característica de estudios de esta índole. Básicamente, Chamorro divide sus sujetos en tres tipos: el congénito pasivo, que sería el «homosexual puro», con rasgos femeniles y que se dedica exclusivamente a prácticas sexuales con otros varones. Suponemos que el epíteto «pasivo» se refiere a que este sujeto se deja penetrar analmente por su pareja. Estos serían los menos comunes de todos los homosexuales. La segunda categoría sería el homosexual ocasional, que recurre a actos homosexuales por falta de otra cosa. Una vez en libertad no repite estas prácticas. El tercer grupo no dejaría tan rápidamente sus prácticas homosexuales una vez liberado, entregándose al papel «masculino» (el «Homosexual Activo»), al papel «femenino» (el «Homosexual Pasivo») y el «Homosexual Mixto», que disfrutaría de ambos papeles.[47] De esta manera, los diagnósticos y tipologías de los médicos investigadores de estos hombres encarcelados siguen fielmente las líneas establecidas según los géneros y las prácticas que ambos sexos suelen desarrollar en una división entre activo y pasivo, refiriéndose respectivamente a lo masculino y a lo femenino. Además, el discurso de Chamorro gira en torno al eje dominación/sumisión, a su vez evidentemente asociado con los papeles de género.

Las razones por las cuales estos individuos resultaron privados de su libertad son, a su vez, variadas. En algunos casos responden a su detención bajo la Ley de Vagos y Maleantes. En otros casos, han sido mandados al Departamento por haber desarrollado actividades homoeróticas una vez en la cárcel; otros por levantar sospechas «bien por ser un sujeto de dudoso comportamiento en la esfera sexual o bien por mostrar una clara

46. *Ibíd.*, pp. 10-11.
47. *Ibíd.*, pp. 12-14.

morfología y ademanes poco varoniles, con muestras de afeminamiento».[48] En cada caso, el modo de proceder es el siguiente: el psicólogo y el psiquiatra llevan a cabo un estudio de la personalidad y características psicológicas del individuo, y el médico endocrinológico conduce un examen somático-clínico y una exploración de los órganos genitales y del recto del sujeto. Éste es entrevistado y estudiado por cada miembro del equipo y su historia personal es examinada. Sigue un informe que hace constar «su valoración intelectual, rasgos importantes de su personalidad y el tipo de homosexualidad, si existe; y posibilidades terapéuticas que en ciertos casos se vislumbren».[49]

Las características principales de los 200 sujetos analizados por el Departamento formarían lo que podríamos denominar, con ironía, un «tipo ideal» de homosexual que tendría bajos niveles de escolarización, de hogares generalmente pobres, que ha tenido mucho contacto con el sistema jurídico por delitos varios, que padece síntomas neuróticos y que, en algunos casos, sufre «confusión» sexual entre las esferas masculina y femenina.[50] Los miembros del equipo técnico del Departamento de Homosexuales llegan a estas conclusiones mediante un complejo proceso de entrevistas, observación y tests psicométricos como los de Rorschach, de Apercepción Temática (TAT), y de Szondi, y tras tales elaboradas técnicas, se sienten capacitados para decidir si los homosexuales, caso por caso, son susceptibles de recuperación.

El tema de la posible recuperación es una constante en estudios de este tipo, que se basan en un conjunto de teorías psicológicas y endocrinológicas. Restaurar a los seres «desviados» al correcto camino de la familia y de la heterosexualidad, o por lo menos impedir que puedan hacer proselitismo de su estilo de vida, era una característica de estas técnicas de conocimiento de la sexualidad en las cárceles o en los hospitales. El estudio de Chamorro Gundín sigue esta línea fielmente y divide sus conclusiones acerca de la posible profilaxis de la homosexualidad en dos grandes apartados: la profilaxis dentro de los centros penitenciarios y los cuidados de «la vida libre, concretamente a la familia».[51] El autor se congratula de los avances realizados en los centros penitenciarios

48. *Ibíd.*, p. 21.
49. *Ibíd.*, p. 22.
50. Ver las conclusiones en *Ibíd.*, pp. 149-151.
51. *Ibíd.*, p. 143.

en España y del hecho de que, con la puesta en marcha de la Central y Equipos de Observación, los homosexuales ya pueden ser clasificados según su modalidad (sus prácticas sexuales). Otro avance sería que se podrá ya limitar la propia práctica de la homosexualidad entre reos por la modernización del espacio carcelario y una vigilancia mejorada. Las propias actividades en el centro combaten la ociosidad y, por lo tanto, la posible caída en la homosexualidad. El deporte, las charlas educadoras y las reuniones de grupo actuarían como «moderador» del impulso sexual y de sus «tendencias anómalas».[52]

La clave, sin embargo, para Chamorro, sería consolidar todo un aparato panóptico que descubriera, observara y clasificara a los sujetos: «Es preciso que se logre descubrir todos los casos, probados o sospechosos, sometiéndolos a estudio y observación».[53] Sin embargo, todavía quedaban problemas muy graves en este proceso. Dados los casos de homosexuales «mixtos» (es decir, de los que se entregaban a actos «pasivos» y «activos»), ¿adónde se deberían destinar? Los papeles sexuales eran tan flexibles en estos casos que si se les enviaba a un establecimiento para pasivos actuarían como activos y viceversa. Incluso, era posible, según el autor, que un homosexual intentara burlarse del sistema, llegando a practicar actos contrarios a su modalidad para que se le transfiriera al establecimiento donde podría efectuar los actos que a él le gustaban.

Ante ese «peligro» el autor se reafirma en el propósito de control y vigilancia que serían propios de un sistema carcelario moderno; la profilaxis de la homosexualidad «se basa primordialmente en el aislamiento y la vigilancia rigurosa de los internos»,[54] imponiéndose el sistema celular que impediría la promiscuidad no controlada. Por otro lado, seguía una serie de recomendaciones generales para evitar que la homosexualidad floreciera. La influencia de los hogares rotos, de un padre alcohólico o del deseo de que el niño fuera niña, contribuían al fomento de la homosexualidad. El niño necesitaba un modelo masculino adecuado para canalizar su desarrollo y sexualidad de manera «aceptable».[55]

---

52. *Ibíd.*, p. 143.
53. *Ibíd.*
54. *Ibíd.*, p. 144.
55. *Ibíd.*, p. 145.

Las «Parejas de Hecho»

Desde que las iglesias cristianas en Europa han perdido su influencia como principal autoridad en temas sexuales y matrimoniales, hemos presenciado un florecimiento de otras formas de relaciones afectivas que no se limitan necesariamente a la relación conyugal que duraría toda la vida.[56] Con el matrimonio civil y el derecho de casarse, en algunos países, en lugares que nada tienen que ver con la iglesia, como buques o restaurantes, se ha pasado al paulatino otorgamiento de derechos a las parejas que deciden no casarse sino vivir juntos en una relación que los poderes civiles designan como «equiparable» al matrimonio.

En España ha habido una progresiva concienciación de que hay otras formas de relaciones que ya no se inscriben en las lógicas del matrimonio ni en clave necesariamente heterosexual. Como en todos los asuntos de este tipo, los avances y cambios en las prácticas de las personas han preexistido a las respuestas jurídicas, las cuales intentan formalizar *post facto* estos nuevos modos de vida. Estas parejas no casadas y denominadas variablemente «de hecho», «uniones estables» y «parejas estables no casadas» tuvieron su primer reconocimiento (si no contamos con las experiencias ya seculares y, en tiempos más recientes, en los tres primeros decenios del siglo XX, entre anarquistas y otros radicales que abogaban por la «unión libre») en la ley catalana de julio de 1998 de Uniones Estables de Pareja.[57] Estas leyes provocan, sin embargo, unas consecuencias legales de competencia entre las varias expresiones del poder tanto en los Estados miembros europeos como a nivel de la Comunidad misma.[58]

---

56. Anthony Giddens (2000), *La transformación de la intimidad: Sexualidad, amor y erotismo en las sociedades modernas* (Madrid: Cátedra).

57. Ya hay bastantes publicaciones acerca del fenómeno de las parejas de hecho. Para el análisis de las leyes de las Comunidades Autónomas (CA) en que se ha aprobado alguna medida y para comentarios más amplios a propósito, se puede consultar Eva María Martínez Gallego (coord.) (2001), *Matrimonio y uniones de hecho* (Salamanca: Universidad); Cristina de Amunátegui Rodríguez (2002), *Uniones de hecho. Una nueva visión después de la publicación de las leyes sobre parejas estables* (Valencia: Tirant lo Blanch); Antonio-Alberto Pérez Ureña (2002), *Normativa sobre las uniones de hecho. Cuestiones candentes* (Madrid: Edisofer).

58. Hay diferencias entre las leyes de cada CA en cuanto, por ejemplo, a los derechos a la adopción para parejas hetero y homosexuales, y en cuanto al periodo necesario en que hay que haber vivido como «un matrimonio». A nivel europeo, existe la Resolución del 8 de febrero de 1994 del Parlamento Europeo

No en todas las autonomías españolas, sin embargo, ha entrado en vigor alguna ley que admita la inscripción en el registro de parejas de hecho de dos hombres o de dos mujeres, aunque desde 1997, el número de autonomías donde esto es posible ha ido en aumento.[59] En diciembre del 2002, Andalucía aprobó una nueva ley de parejas de hecho cuya letra demuestra cómo han cambiado las formas de relación entre las personas.[60] Mientras que todavía no se ha aprobado una ley de parejas de hecho que cubra a las parejas gays y lesbianas en todas las autonomías, por ejemplo en Galicia, donde la oposición del Partido Popular ha obstaculizado tal inclusión, en Andalucía se reconoce, al menos en las palabras de la Junta, que la misma noción de la familia ha cambiado y que se ha ensanchado para abarcar un significado más amplio que en el pasado. La gente que no desee o que no pueda unirse en matrimonio religioso o civil ya tiene la posibilidad de ejercer sus «legítimas aspiraciones» en cuanto al tipo de familia en que quiere vivir y, además, lo puede hacer con independencia de su orientación sexual. La ley andaluza lo explicita así:

> En la sociedad actual, la familia no se constituye exclusivamente sobre la base de una unión matrimonial, sino también sobre unidades de convivencia que han ido surgiendo como consecuencia del ejercicio por los ciudadanos del derecho a regular sus relaciones personales, sin la sujeción a reglas previamente establecidas que condicionaran su libertad de decisión.[61]

---

sobre la igualdad de derechos de los homosexuales y lesbianas en la Comunidad Europea, que aboga por el matrimonio entre personas del mismo sexo (Martínez Gallego, *op. cit.*, p. 290).

59. Kerman Calvo Borobia (2002), «Polítiques d'(homo)sexualitat a Espanya. Les respostes de la democràcia davant d'un dilema moral», en Òscar Guasch i Andreu (coord.), *Sociologia de la sexualitat: una aproximació a la diversitat sexual* (Barcelona: Pòrtic), pp. 165-189. Sobre la cuestión en términos generales, y anterior a la aprobación de la ley catalana, véase el completísimo estudio de Nicolás Pérez Cánovas (1996), *Homosexualidad, homosexuales y uniones homosexuales en el Derecho español* (Granada: Comares).Ver también el estudio monográfico sobre «Derecho y homosexuales» en *Orientaciones: revista de homosexualidades*, 1, 2000, pp. 9-128.

60. Andalucía aprobó una primera tentativa de regularización de las parejas de hecho en enero de 1996. Las principales diferencias en la legislación del 2002 se refieren a su carácter más amplio en términos de derechos de los contrayentes y en cuanto al concepto más amplio de la «familia» y al cuidado de los niños. Para el análisis de la ley de 1996, consúltese Pérez Ureña, *op. cit.*, pp. 53-62.

61. *Boletín Oficial de la Junta de Andalucía* (en adelante, *BOJA*), 153, 28 diciembre 2003, pp. 24.999-25.003 (p. 24.999).

Además, reconoce que la sexualidad de las parejas ya no debería ser motivo para exclusión:

> Por otra parte, también se han puesto de manifiesto las legítimas aspiraciones de estos ciudadanos a que su opción sexual no supusiera un obstáculo en orden a conformar un núcleo familiar, así como que éste no fuese considerado de forma marginal, sino que quedara plenamente integrado dentro de una sociedad que, al amparo de los principios de libertad y pluralidad, admite sin reparo alguno el derecho a ser diferente.[62]

Es interesante notar cómo el deseo de convivir de dos personas del mismo sexo ahora responde a sus «legítimas aspiraciones». ¿Acaso no eran legítimas antes, cuando se las negaba desde el poder? Parte de estas «legítimas aspiraciones» se derivarán, sin duda, de la sociedad multicultural, llena de «diferencias», que ahora habitamos. El «derecho a ser diferente» ya es un derecho, cuando antes era un crimen. Pero, ¿qué diferencia realmente es ésta? Nada más que ser homosexual. Serlo significa todavía cargar con la «diferencia» respecto a la heterosexualidad que sigue marcando la norma.

Dadas estas nuevas realidades, el documento continúa señalando que es necesario tratar estos nuevos modelos familiares de una manera jurídicamente adecuada y «regular esta nueva realidad social». ¿Espacio de libertad o control cada vez mayor de disidencias sociales y sexuales? Por un lado, la ley permite a las parejas de hecho constituir «acogimientos familiares» con menores, percibir los mismos derechos de las prestaciones sociales, la convivencia en residencias para personas mayores y acceso a la salud pública. Por otro lado, la ley responde ante una realidad social que *a posteriori* intenta regular, a pesar de reconocer que todavía subsisten obstáculos para una integración plena de otras familias que sólo la sociedad en su conjunto sabrá eliminar.

Es interesante constatar cuál es la documentación que se necesita presentar ante las autoridades civiles para ser aceptado como pareja de hecho. El *BOJA* especifica los documentos siguientes: identificación personal, documento que pruebe el estado civil de soltería, residencia habitual en un municipio de la Comunidad Autónoma de Andalucía, declaración de no hallar-

---

62. *Ibíd.*, pp. 24.999-25.000.

se en ninguno de los casos previstos como no permitidos para entrar en una pareja de hecho (ser menor de edad, estar ya casado o en una pareja de hecho conformada, tener parentesco en línea directa con la otra persona o ser colateral por consanguinidad en segundo grado). Además de eso, al rellenar el formulario para pedir la aprobación como pareja de hecho, es preciso que los dos aspirantes vivan en el mismo sitio físico, algo que la ley no especifica como tal a pesar de mencionar que la ley otorgaría «primacía a la voluntad de dos personas de convivir de forma estable».[63]

De esta forma, cualquier pareja de hecho —hetero u homosexual— tiene que cumplir con ciertas características mínimas de las personas enroladas en matrimonios religiosos o civiles. No podemos olvidarnos del talante democrático y tolerante que los legisladores contemplan para esta ley y el papel que está designada a jugar en el cambio hacia actitudes más abiertas a otras formas de familia y relaciones afectivas. Pero la incorporación de estas nuevas formas de ser en la legislación obedece de igual manera a un sentimiento de desbordamiento por parte de las autoridades. Estas formas de vivir ya son un hecho social que es prácticamente irreversible; dentro de poco sería demasiado difícil gobernarlas o regularlas. Con vistas a «promover las condiciones para que la libertad y la igualdad del individuo y de los grupos en que se integran sean reales y efectivas»,

> [...] es necesario regular esta nueva realidad social, no ya desde la imposición de un régimen jurídico imperativo o supletorio de las relaciones interindividuales, sino mediante una intervención de las Administraciones Públicas de Andalucía que contribuya a superar reconocimientos meramente formales de derechos, y a materializar en la práctica cotidiana los derechos de la libertad y a la igualdad en el ámbito familiar.[64]

Hasta cierto punto, desde luego, la legislación acerca de las Parejas de Hecho está siendo superada por la recién aprobada ley de matrimonio entre personas del mismo sexo (junio de 2005). El aspecto radical de esta nueva ley ha sido remarcado por muchos sectores de la sociedad española, que la ven como un paso

---

63. *Ibíd.*, p. 25.000.
64. *Ibíd.*

innegablemente progresista, aunque desde una posición contraria a la asimilación o a las instituciones se le podría criticar.

En todo caso, el aspecto imprevisto de tales medidas es una de sus consecuencias. El poder, al lanzar nuevas modalidades, produce efectos de todos los tipos; no todo está previsto. Es en esos lugares inesperados donde se pueden ensanchar las libertades y abrir espacios de contestación. Se podría argumentar que por las presiones sociales y las contradicciones que suscita el que las parejas de hecho registradas en Andalucía, por ejemplo, no están reconocidas en Cataluña, se ha procedido a permitir el matrimonio entre personas del mismo sexo. Pero, las parejas que no desean casarse, queriendo unirse en una relación «libre», sin estatuto legal, no serán reconocidas a nivel legal o nacional, excluyéndose de los supuestos beneficios proporcionados por tales legalidades. Los amantes, sobre todo en las parejas en que hay un individuo extranjero, se sienten casi obligados —si van a salvar su relación— a entrar en los marcos jurídicos institucionalizados estatales de las relaciones afectivas y sexuales. El cerco se cierra y los espacios donde ejercer una libertad de movimiento autónomo se reducen, mientras el amor y la sexualidad están siendo cada vez más atrapadas y reguladas por la «lógica» de los Estados.

Conclusión

La presentación de los tres ejemplos o instancias que hemos recorrido en este artículo no tiene el propósito, por supuesto, de constituir una historia de la biopolítica en España. En vez de eso, lo que se ha intentado hacer aquí es sugerir cómo desde los estamentos del poder estatal, psiquiátrico y médico, la población, o diversas capas de la población española, han sido el blanco de intervenciones de gestión para mejorar el funcionamiento de los cuerpos disciplinarios, como el Ejército o la cárcel, y de los propios seres humanos, caídos o no en las «desviaciones» que el propio poder acecha.

En este artículo he puesto hincapié en las expresiones y los mecanismos de la biopolítica, desde perspectivas cambiantes, para organizar y optimizar la población española. Resulta evidente que este proceso a veces presenta una ejecución autoritaria, pero otras veces resulta más democrática. Mientras que podemos decir que la biopolítica pone en operación este proceso de ordenación, tanto las formas como los resultados no son iguales en todos los casos analizados. Sería irresponsable afirmar que los efectos de la actuación del Departamento de Homosexuales bajo el franquismo, por ejemplo, fueran más o menos iguales al intento de incluir a los gays y lesbianas en la legislación sobre las parejas de hecho o del matrimonio. El intento de ensanchar el Ejército español mediante la incorporación de extranjeros con papeles no es lo mismo que la propuesta de uso de bastardos para morir en las batallas imperiales del Estado francés, a pesar de sus paralelismos.

Tal vez sea ésta la clave. Si el biopoder del siglo XVIII era sin duda un elemento importante en la consolidación del capitalismo, y éste último no habría sido posible sin la inserción controlada de cuerpos en la maquinaria de la producción y el ajuste de la población para conformar con los procesos económicos, el uso de cuerpos en las empresas guerreras y de «ordenación del territorio» del siglo XXI es igualmente necesario. Lo importante que hay que considerar son los métodos utilizados para conseguir todo esto, teniendo en cuenta que el afán principal era y es diseñar «métodos de poder capaces de aumentar las fuerzas, las aptitudes y la vida en general, sin por ello tornarlas más difíciles de gobernar».[65] Las parejas de hecho de gays y lesbianas y la presencia de inmigrantes en el Ejército son ejemplos vivos de esta incorporación en las técnicas del gobierno del Estado español, un Estado típicamente europeo del siglo XXI.

---

65. Foucault, *op. cit.*, p. 170.

«LA INQUIETUD Y EL CUIDADO». LA TENTATIVA BIOPOLÍTICA DE MAURICE BLANCHOT

Antoni Mora

I. **La peste**

1. Entresaco una pregunta que formula Maurice Blanchot en su escrito dedicado a Michel Foucault: «¿Cómo se aprendió a luchar contra la peste?».[1] Retomo esta pregunta —la aíslo, la descontextúo— para intentar un ensayo que sirva como respuesta, para propiciar una contestación que se haga cargo de los muchos ecos que están implícitos en lo preguntado. Se trata más bien, pues, de recontextuar la pregunta para intentar estar en condiciones de contestarla.

De entrada, girándola hacia el mismo Blanchot y lo que podemos considerar como su libro *sobre* la peste, publicado en 1948: *El Altísimo* (*Le Très-Haut*). Contado brevemente: un mal indeterminado —una epidemia: la peste—, detectado en ciertos barrios, se extiende rápidamente por toda la ciudad; una organización revolucionaria aprovecha la situación para su causa; altercados por las calles, controles policiales, sabotajes y represión, incendios, actos terroristas, ejecuciones sumarias... Todo está narrado en forma de una muy larga confesión por parte de un hombre que está —y no está— en ambos lados, el de la salud y el de la enfermedad, el de la ley y el de la subversión, el de lo más alto (Altísimo) de la soberanía y el de lo más común de los hombres (uno cualquiera). Es en esta ambivalencia que parece percibirse más claramente el desencadenarse algo de forma inminente —la

1. M. Blanchot, *Michel Foucault tal y como yo lo imagino* (1986), trad. Manuel Arranz, Valencia, Pre-Textos, 1988, p. 37.

enfermedad, el tambaleo del orden establecido o su aplastante afianzamiento, la subversión de todo orden o la mera sustitución de uno por otro... Pero en su momento de máximo despliegue, el relato se detiene y se queda suspendido con estas palabras de su relator, cuando parece que va a morir: «Ahora, es ahora que hablo» (243).[2]

Ésta es una descripción que puede valer para una primera lectura, propia de quien Klossowski llama el lector distraído.[3] Pero la novela resulta ser más cosas —que una novela, incluso. Una lectura menos distraída, pero muy apegada a la fecha de su publicación —y a lo que muchos llaman «crítica literaria»—, nos llevaría a compararla con el mucho más conocido libro que Albert Camus tituló directamente *La peste* y que había publicado unos meses antes que apareciera *El Altísimo*. Camus y Blanchot, hay que decirlo, son dos escritores que se tuvieron mutuamente en cuenta, tanto en lo mucho que les unía como en lo no menos importante que les separaba (y que podría decirse que lo que les unía y lo que les separaba era *lo mismo*: sus maneras de enfrentarse al extrañamiento, lo extraño, el extranjero; el primer hombre y el último: la suerte —y la desgracia— del humanismo; la contaminación de la sociedad en todos sus órdenes y la sociedad como contaminación de todo: la peste). Leídas las dos novelas con la vista puesta en el momento en que fueron publicadas —los primeros años de posguerra de un país que recientemente había sufrido una invasión militar que no despertó sólo, ni especialmente, la resistencia—, destaca claramente lo que tienen en común: la peste es para ambos una alegoría del fascismo o, más exactamente, de su penetración en el «cuerpo social», y aun, lo es del hecho de permitir su entrada. Ésta es, pues, la cuestión que surge de una primera lectura (en el tiempo y en la recepción más inmediata) de estas dos *grandes* novelas que se sirven de la

---

2. Las cifras que indico entre paréntesis a lo largo del texto remiten a las páginas de M. Blanchot, *Le Très-Haut*, París, Gallimard, 1988. En el cuerpo del texto cito el título de este libro siempre en castellano —*El Altísimo*. La traducción de los textos citados es mía.

3. Lo dice Pierre Klossowski al emprender su propia lectura de la novela, en su ensayo «Sobre Maurice Blanchot», publicado en una primera versión en 1949, recogido luego en *Tan funesto deseo* (1963, traducido por Mauro Armiño, Madrid, Taurus, 1980). Tengo presente este texto de Klossowski en muchas de sus intuiciones, pero no sigo su línea de interpretación, que va por otro lado del que aquí me interesa.

imagen de la peste: la aceptación del fascismo, la connivencia que se convierte en convivencia, la «colaboración» cotidiana, pasiva, rutinaria. Se trata de una colaboración que es previa al colaboracionismo y que no necesariamente desemboca en él.

De las diferencias entre ambas novelas también podemos sacar provecho. Camus ve florecer una plenitud (grandeza y miseria) de lo humano ante las dificultades que impone la epidemia; Tarrou «hace política», dice, para no ser un apestado, y por eso se pone del lado de las víctimas, lo cual le reporta conseguir la «paz» y ser un «santo» sin Dios. Al final, la peste es vencida, pero el hombre lúcido, el famoso doctor Rieux, sabe que el bacilo sigue dormitando en cualquier rincón. Esto es lo aprendido de esa experiencia, según Camus: «lo que puede ganar el hombre al juego de la peste y de la vida es el conocimiento y el recuerdo».[4]

En Blanchot no hay «ganancia», ni «paz», ni «santidad», y lo que sí hay, de una manera muy especial, es desconocimiento y olvido. No *parece* que se vaya a dar una victoria sobre la peste.[5] Lo que hay es el profundo malestar producido por una incómoda ambigüedad desarrollada en fases cada vez más borrosas (no hay tales fases, de hecho, sino distintos aspectos de un inacabable retraimiento). De entrada, la epidemia sirve al poder establecido, puesto que con su excusa acrecienta los medios de control de la ciudadanía —documentación sellada, brazos marcados por la vacunación obligatoria— y justifica la expansión de su brutalidad; luego se ve que los elementos de la subversión se sirven de la enfermedad para avanzar y extenderse con ella; más tarde se tiene la sensación de que gobierno y subversión trabajan en lo mismo, y parece que colaboran; después se extiende la idea de que la revolución sólo triunfará sobre el poder establecido sometiendo a la enfermedad, de manera que se afianza reproduciendo el mal que combate, o sea, ya no la epidemia, sino el mismo Estado... *El Altísimo* apunta a una época que es un umbral: la era de las inminencias (del estado —¿Estado?— inminente, que sería lo contrario —y su sustitución— de la era de las utopías).

2. «¿Cómo se aprendió a luchar contra la peste?» Dividiendo el espacio, aislando a los apestados, inspeccionándolos constante-

---

4. A. Camus, *La peste*, en la traducción de Rosa Chacel, en *Obras*, vol. II, Madrid, Alianza, 1996, p. 562.

mente, practicando permanentes registros... Así se aprendió a luchar contra la peste y esto es lo que se aprendió con ella. Me remito, claro, a una de las junturas clave de *Vigilar y castigar*, cuando Foucault describe el «sueño político de la peste». Mientras que la lepra había hecho soñar con la sociedad pura, la peste despertaba otro tipo de pesadilla, la que llevaba hacia la sociedad disciplinada. Realmente, es para ponerse a soñar: «La ciudad apestada, toda ella atravesada de jerarquía, de vigilancia, de inspección, de escritura, de ciudad inmovilizada en el funcionamiento de un poder extensivo».[5]

Aquí ya no se trata de la imagen de la peste, o *no sólo* de ella, pues se parte de la realidad de la epidemia y de ahí, sí, a los usos de su imagen. También en *El Altísimo* se trata de la enfermedad, no sólo ni de entrada de su imagen. Se pone en evidencia el uso político de la enfermedad. Lo cual nos lleva a otra intuición de Foucault, cuando, avanzados los años setenta, señaló que en la década de los años cuarenta el cuerpo del individuo se había convertido en uno de los objetivos principales de la intervención del Estado, algo de lo que el propio Estado debe hacerse cargo.[6] Precisamente, en plena guerra mundial, se forjó (con el plan Beveridge, de 1942) el modelo de la política sanitaria que iba a imperar después, de manera que fue en plena matanza bélica que se empezó a pasar del régimen del derecho a la vida al del derecho a la salud. Visto así, *El Altísimo* —recuerdo que escrito y publicado en aquella década de los cuarenta— puede ser considerado como un documento, un acta (sin duda que en el lado más crítico) de esto que luego describió Foucault. Un infectado por la infección sin nombre dice ahí: «mi enfermedad es sospechosa» (109). A lo que su vecino —el buen ciudadano, funcionario y «portavoz» del Estado— le contesta: «contra todas estas infecciones hoy se dispone de medios enérgicos, tenemos a importantes sabios que han inventado nuevos tratamientos» (111).

3. No señalo cómo resuenan, en una suerte de presentimiento, muchas intuiciones e hipótesis de Foucault en textos de Blan-

---

5. M. Foucault, *Vigilar y castigar*, trad. Aurelio Garzón del Camino, Madrid, 1984, Siglo XXI, p. 202.

6. M. Foucault, «¿Crisis de la medicina o crisis de la antimedicina?» (1976), recogido en *Obras esenciales*, vol. II, ed. de Julia Varela y Fernando Álvarez Uría, Barcelona, Paidós, 1999, p. 343 ss.

chot (y viceversa) para intentar sugerir unas líneas de influencia, entrando en el juego del quién lo dijo antes, siguiendo la, por otro lado, lúcida tontería apuntada por Italo Calvino: Blanchot dijo primero lo que luego otros dijeron mejor. Más bien pretendo entrar en un ámbito de pensamiento que se fue abriendo camino lentamente, en la *conversación* mantenida por unos pocos, al margen —en los márgenes— de un pensamiento normal y normalizador que siguió a la Europa posterior a las guerras mundiales. Que los dos escritores confluyeron en una gran complicidad es muy sabido, pero raramente se pasa a establecer y concretar los lazos y las continuidades, y menos aún a sacar unas conclusiones que nos lleven a leer sus textos de otra manera. Es eso lo que propongo hacer, pues: un ejercicio de lectura que podríamos llamar retroactiva. Pero no sólo en la relación —sin relación— entre ambos escritores.[7] Al mismo Foucault, partiendo de la hipótesis biopolítica de sus últimos escritos, se le entiende así con una mayor coherencia: tras la lectura de la *Historia de la sexualidad*, está claro que *Vigilar y castigar* es una pieza mayor del estudio de la biopolítica, aunque ahí no aparezca este término. Y desde todo Foucault se percibe perfectamente que toda la escritura blanchotiana contiene una posible lectura de lo que sin duda fue una tentativa biopolítica.

Pero incluso más allá de la hipótesis mayor de Foucault o de la tentativa (entre otras) de Blanchot, podemos dar un mayor alcance a eso que a propuesta del primero llamamos biopolítica. Es más allá de ambos, pero muy exactamente a partir de ellos, que Giorgio Agamben ha llegado a considerar que la producción de un cuerpo biopolítico es la aportación original del poder soberano, de manera que la biopolítica resulta ser tan antigua, al menos, como la excepción soberana —desbordando, pues, el marco histórico propuesto por Foucault. Y aún Antonio Negri llega a proponer que en su transcurso, la filosofía estuvo —y se

7. Es en esa relación de complicidad entre ambos que podemos entender la pertinencia de recurrir a la narrativa en el contexto de la biopolítica. Es algo que acaso hoy no sorprenda ni en los medios más obcecadamente académicos. El caso es que el mismo Blanchot recuerda lo que Foucault dijo al respecto, no especialmente en broma: «Nunca he escrito otra cosa que ficciones...» (en *Michel Foucault tal y como yo lo imagino*, ed. cit., p. 50). En el mismo texto, Blanchot recurre a Orwell o a Kafka. Pero también Agamben, que en sus escritos no se sale del formato de tratado, incluye a Kafka en sus comentarios y en sus bibliografías, además de a Primo Levi o Manganelli, entre otros.

construyó— mayoritariamente al lado del biopoder, que no es una mera consecuencia, que es su suelo, forma parte de su legitimación e incluso de su sentido.[8]

4. ¿Qué es exactamente lo que se detecta como peste —«la peste»— en *El Altísimo*? Cualquier cosa menos algo exacto y preciso. Se trata de un hecho del que se habla en la prensa (66); es un imperativo de las autoridades, que obliga a que todo el mundo se vacune (97); es, se rumorea, «¿una especie de tifus?» (104; 118); algo acerca de lo cual cabe creer o no: un enfermo —un apestado, pues— le pregunta a Henri Sorge —que es quien «habla» en el libro— si cree en esa epidemia, y él contesta que no (110); alguien admite que no se trate de «la peste», pero eso, lo que sea, «para el pueblo es la peste» (111)... El mismo Sorge, paciente servidor de la autoridad, no puede evitar decírselo al enfermo-rebelde (y de paso, casi se lo revela a sí mismo al decirlo): se trata de una «escenificación» de las autoridades para justificar la puesta en marcha de unas determinadas medidas administrativas (111)...

Para Sorge, la peste constituye la vivencia y la expresión máxima del poder: lo constata como modesto funcionario que es —se le recuerda varias veces que, al margen de esa modestia, no deja de pertenecer a la «clase dirigente» y a sus responsabilidades—; lo padece como enfermo que está él mismo; lo maneja como «ideólogo» ingenuo e inconsciente que acaba por ser cuando, por ejemplo, utiliza los términos con que describe a la extraña enfermedad epidémica para referirse a la «transmisión» del poder entre los hombres: habla de «pasar» la ley indefinidamente de hombre a hombre (118).

Para los rebeldes al poder establecido, la epidemia tiene un sentido político contra el Estado: es un «instrumento». El mismo Sorge critica a un enfermo-rebelde que se esté haciendo un «uso» de la enfermedad, a lo cual éste le contesta con toda la sinceridad: «Es preciso que el mal viva [...], que la enfermedad trabaje en la profundidad, lentamente, sin fin, que tenga el tiempo de transformar lo que toca, que haga una tumba de cada uno y que esa tumba permanezca abierta. ¡Es preciso! Es así como se infecta la historia» (165).

---

8. A. Negri, *Del retorno. Abecedario biopolítico*, Barcelona, Debate, 2003, p. 63.

Este doble campo de autoridad-control y de revuelta-descontrol que se abre con una epidemia está en la descripción que ya he señalado de *Vigilar y castigar*. En Blanchot no se limita a *El Altísimo*. La enfermedad, que está en tantos textos suyos, mantiene esa ambigüedad de soberanía ejercida sobre el cuerpo enfermo y por él. En *La escritura del desastre* (de aquel libro de 1948 pasamos a éste, de 1980) esto está expresado de una forma máximamente sintética: la posibilidad de entender el cáncer como un fenómeno político lleva a considerarlo como «una de las raras maneras de dislocar el sistema, de desarticular por proliferación y desorden el poder programador y significante universal —tarea antaño cumplida por la lepra y luego por la peste».[9] Entonces se trata de la enfermedad, que es «un fenómeno político» y que pone en jaque a la codificación del sistema cuya autoridad —«viviendo y aceptando morir»— mantiene a los humanos en un proceso normativo —«disciplinario», diría Foucault— de cabo a rabo. Prosigue este texto de *La escritura del desastre*: «El "cáncer" simbolizaría [y "realizaría"] el rechazo a responder: he aquí una célula que no oye la orden se desarrolla fuera de la ley, de una manera que llaman anárquica —es más: destruye la idea de programa, haciendo dudoso el intercambio y el mensaje, la posibilidad de reducirlo todo a simulaciones de signos». Conclusión: «Si la célula llamada cancerosa, que se reproduce indefinidamente, es eterna, quien muere por ello piensa, y ésta es la ironía de su muerte: Muero de mi eternidad "Muero de mi eternidad"».[10]

Este enfoque —por cierto que nada complaciente— puede contrastarse con los de otros pensadores que, por decirlo así, se han puesto en evidencia al hablar del alcance político de esta enfermedad en concreto. Por ejemplo, Jünger, cuando relaciona cáncer y nihilismo, sugiriendo que detectar a los «agentes» de uno y otro supone ponerse en camino de la curación (¿del cáncer-nihilismo?); o Baudrillard, que relaciona el cáncer con el terrorismo por considerarlos como dos resultados de la desertización de lo social.[11]

---

9. M. Blanchot, *L'écriture du désastre*, París, Gallimard, 1980, p. 137 (traducción castellana: *La escritura del desastre*, Caracas, Monte Ávila, 1990, p. 77).

10. M. Blanchot, *ibíd.* (La versión castellana es tan defectuosa que omite sin ninguna explicación la frase entera que acabo de citar).

11. Respectivamente, E. Jünger, *Sobre la línea* (1956), Barcelona, Paidós, 1994, p. 23; J. Baudrillard, *Cool Memories* (1987), Barcelona, Anagrama, 1989, p. 187.

5. La peste: la muerte diferida; la muerte colectiva. El fondo metafísico con que casi siempre se lee la cuestión de la muerte en Blanchot —respecto a estos dos aspectos sobre la muerte, y aún otros—, adquiere otro sentido desde la perspectiva de la epidemia de *El Altísimo* y, así, desde la biopolítica del escritor (su tentativa).

La primera, la muerte diferida, la doble muerte. Entonces el apestado es un condenado a muerte al que sólo le queda esperar la ejecución de la sentencia. «Morir quiere decir: muerto, ya lo estás, en un pasado inmemorial, de una muerte que no fue tuya...»[12] La segunda, la muerte colectiva, se relaciona muy directamente con Auschwitz. Pero no para hacer del acontecimiento devastador una mística ni una pseudoteología, sino para descubrir en él la revelación de la estructura del poder que se ha manifestado en todos los rincones del llamado Occidente. Aquel apocalipsis —revelación, pues— descubre la trama de la que está hecha esta sociedad: «Todos los rasgos de una civilización revelados o puestos al desnudo ("El trabajo libera", "rehabilitación por el trabajo")». Es significativo que las pocas veces que Blanchot utiliza la palabra «civilización» es para vincularla a eso que reconocemos como Auschwitz.[13] Así, en el corazón de la cotidianidad Blanchot descubre los rasgos más característicos de Auschwitz, de manera que en el pasar lista en los campos nos descubrimos «el sentido de toda formalidad del estado civil (y de toda verificación de la identidad), la cual da lugar, en nuestras refinadas civilizaciones, a todas las violencias y privaciones de libertad policiales».[14] Es la complacencia —realmente felicidad— con que Sorge, en *El Altísimo*, cumple con su trabajo. Se lo comenta, alborozado, a su vecina, que trabaja en una tienda, que hace fotos de carné para documentos oficiales: «gracias a nosotros, los individuos tienen una existencia jurídica, dejan una huella perdurable, se sabe quiénes son» (32). Todas las re-

---

12. M. Blanchot, *L'écriture du désastre*, p. 108 (versión castellana, ed. cit., p. 61).

13. *Ibíd.*, p. 73. He ensayado una interpretación desprovista de rasgos místicos y residuos teológicos que asoman en ciertas interpretaciones de estos textos blanchotianos en «Los hombres destruidos, la escritura del desastre - el "después de Auschwitz" de Maurice Blanchot», en *Espinosa*, n.º 4, primavera-verano 2003, pp. 17-34.

14. M. Blanchot, *El paso (no) más allá*, trad. Cristina de Peretti, Barcelona, Paidós, 1994, p. 69.

tóricas en torno a la ciudadanía están retratadas en esa actitud de complicidad con el horror.

6. Peste —epidemia—, administración de la enfermedad contagiosa y de la muerte, su teorización y el mismo enfermar y morir, por parte de Foucault, todo junto cristaliza en un nombre: sida. ¿Seguiremos relacionando a Blanchot con este desarrollo, y su libro de 1948 con la llamada «peste» aparecida en los años ochenta?

Vayamos por partes. Foucault señaló con cierto regocijo el caso del dictador español Franco, que decretó implacablemente la vida y la muerte de tanta gente, durante tantos años, para al final caer él mismo en las redes del biopoder, siéndole prolongada la vida más allá de su muerte. Es inevitable caer en la cuenta de un caso paralelo —inverso y cruelmente complementario—: Foucault mismo cayó en las redes biopolíticas, muriendo de una epidemia sin tener ni él, ni su compañero, ni sus allegados, un diagnóstico específico. Sida y Foucault son dos nombres que sólo pudieron ser relacionados bastante después de la muerte del filósofo. Sin duda que trastorna un poco ese paralelismo Franco/Foucault, pero reafirma a ambos en sus papeles, en sus *vidas —obras— y muertes*: el hombre (militar y político) del poder y el hombre (pensador y resistente) contra el poder murieron de maneras en que el biopoder se hizo notar de unas formas particularmente obscenas.

¿Cómo se aprendió a luchar contra el sida? Es Blanchot mismo quien relacionó su libro sobre la peste, de 1948, con el sida, sin añadir ni una coma, tan sólo un comentario externo, en la contraportada de la edición de bolsillo del libro (la de 1988). Así que *El Altísimo* «también» ha sido un libro sobre el sida. Con estas palabras: «En una sociedad perfecta en la que se declara la peste, de manera que los apestados se vuelven los únicos rebeldes, en la que el sida pone en peligro la ley suprema, el Altísimo, más allá de toda divinidad, sólo es un enfermo que muere sin morir, a menos que se vuelva la "Cosa" misma, la nada terrorífica, la verdad que siempre equivoca y se equivoca, la última palabra que sólo la muerte inmortal deja entender [escuchar] al final».[15]

---

15. Contraportada de *Le Très-Haut*, en la edición que vengo citando, de 1988, colección «L'Imaginaire». En la nueva reedición de 1999, en la misma colección, este texto ha desaparecido para ser substituido por la reproducción de los dos primeros párrafos de la novela.

7. A veces, se tiende a interpretar la condición fragmentaria de los últimos libros de Blanchot de una forma un tanto esotérica: como si fueran la expresión de un saber oscuro que se va soltando a base de ráfagas fulgurantes. Tomemos uno de estos fragmentos, todo él dicho —agotado— en esta frase: «*El desastre cuida de todo*».[16]

El cuidado de todo. Una forma extrema de sintetizar el sentido del *cuidado* heideggeriano ha consistido en señalar que responde a la necesidad que siente el humano de curarse del tiempo. Esto ha sido muy bien expresado en estos términos: «El tiempo no es la enfermedad del hombre, pero puede ser su perdición. Curarse del tiempo quiere decir cuidarse de él, ponerse a salvo».[17] Una fórmula más sintética aún es la que propone el mismo Heidegger en *¿Qué es metafísica?*: la «existencia» denomina un modo del ser en la medida que el *Dasein* persiste en el ser, y este persistir (que es un soportar) es experimentado como «cuidado». He aquí a *Sorge* en persona —que es la personificación de *Sorge*. Aunque ya hemos visto que donde Sorge se personifica es en *El Altísimo*, pues así —Henri Sorge— es como se llama el personaje aludido en el título. Pero no puede decirse que el Sorge de Blanchot sea una directa trasposición de la *Sorge* heideggeriana, sino que acaso se trate más bien de todo lo contrario: lo que caracteriza a Henri Sorge no es la persistencia, sino el múltiple trastorno —hecho, de entrada, de *su* inquietud y de *su* cuidado— que le suscitan tanto su enfermedad como su cura —de nuevo inquietud y cuidado, pero ahora como algo que le es infligido externamente—, su pertenencia a la normalidad civil y a la vez el atisbo de su mórbida anormalidad. Algo parecido cabe decir de la inquietud/cuidado en el último Foucault, en quien resuena, invirtiéndola —si es que no arruinándola—, la formulación heideggeriana, sin duda que pasada por Blanchot. En su caso, se trata de abrir el campo de un

16. M. Blanchot, *L'écriture du désastre*, p. 10 (trad. cit., p. 11). Está subrayado en el original. No es éste el lugar para detenerse a señalar la función que cumplen ciertos subrayados en este libro, pero quede dicho, para lo que nos interesa aquí, que se trata de una manera de indicar con ellos que se trata de afirmaciones dichas por otras voces que no son necesariamente las del «autor» del libro. No son voces misteriosas, sino voces *otras*, habla plural.

17. Eduardo Nicol, *Historicismo y existencialismo*, México, FCE, 1981, p. 380. Por otro lado, recordemos que «cura» es como fue traducido primeramente la «*Sorge*» de *Ser y Tiempo*, en la traducción de José Gaos.

gobierno de sí mismo y de los otros, y no un ser (o un dejarse ser) gobernado por el cuidado de la autoridad.

Indistintamente como «inquietud» y «cuidado» se remiten unos y otros al título del último libro de Foucault (*Le souci de soi*), lo mismo que de ambas maneras se ha traducido su explícita referencia al *souci* del Sorge de Blanchot: los dos traductores al castellano del mismo texto foucaultiano dedicado a Blanchot han decidido traducirlo con una de las dos palabras que sólo juntas mantienen la doblez que lleva tanto la palabra francesa como la alemana. Éste es el pasaje, que Foucault ofrece en un paréntesis aclaratorio, tras mencionar el apellido del personaje de *El Altísimo*, para destacar que es el nombre del personaje a la vez que la expresión de su «condición» y su relación respecto a la ley (lo cito sobreponiendo las dos opciones de traducción, la segunda entre corchetes): «la "inquietud" [el "cuidado"] de la ley: la [el] que se siente respecto de la ley y la [el] de la ley respecto de aquellos a los que se aplica, incluso y especialmente si pretenden escaparse de ella».[18]

Éste es el momento más visible de la interrelación entre Blanchot y Foucault, cuando se hace patente en ese cruce clave de la biopolítica, ahí donde se funden la inquietud y el cuidado ante el poder y del poder: de la narración de 1948 del primero, que el segundo comenta en 1966 en el pasaje ahora citado, al texto sobre el segundo, que escribió el primero en 1986.

Blanchot y Foucault, pues, se encaran con la doblez de la palabra, a la vez que lo hacen con el uso de esa doblez por parte de Heidegger. De manera que «el desastre cuida de todo» es el enunciado nada oscuro de ese encaramiento por parte de Blanchot: es una forma condensada de expresar el horror cotidiano y tranquilo en que vivimos. Esa inquietud provoca la solicitud con que somos cuidados, incluso cuando lo requerimos, lo exigimos como un derecho. Y a Sorge no le ofende que se le señale su servilismo, todo lo contrario: «soy orgulloso e independiente porque soy servil» (47).

De hecho, Blanchot ya había abordado esta cuestión en una novela anterior (publicada ésta en plena ocupación nazi): *Aminadab* es su otro acercamiento a la cuestión de la ley suspendida/activada, en la que su protagonista se ve apresado en el laberinto del

---

18. «Inquietud» es la opción de Manuel Arranz (Foucault, *El pensamiento del afuera* —1966—, Valencia, Pre-Textos, 1988, p. 49) y «cuidado» la de Miguel Morey (p. 309 de la versión incluida en Foucault, *Obras esenciales*, vol. I, ed. cit.).

servicio, el servir y el ser servido, el servilismo. De una forma parecida a *El Altísimo*, una casa es y no es un hospital donde las atenciones, los cuidados que se ofrecen son la forma como uno es agarrado y (des)poseído («Nos conocen mejor de lo que nosotros mismos nos conocemos; he ahí nuestra inquebrantable convicción»).[19]

8. Sorge, pues —el personaje y la condición implícita en la palabra, *Sorge, souci*—, es la contracción implícita del cuidar(se) y ser cuidado. Henri Sorge no puede dejar de reparar en ello y se lo pregunta así al paciente-rebelde: si usáis, si os servís políticamente de la enfermedad, ¿entonces por qué os dejáis cuidar? A lo cual el otro contesta: «Los cuidados forman parte de la enfermedad [...]. La enfermedad contamina a la ley cuando la ley cuida del enfermo...» (165). Ésta es la interpretación, y ya vivencia, desde la rebeldía.

En otros diálogos, Sorge obtiene el contraste de esa información. Por un lado, cuando habla con quien para él es la máxima encarnación del poder —su padrastro. De él recibe una explicación que, expuesta en términos muy distintos, viene a coincidir con aquellos planteamientos del rebelde. Se ha abolido el interior y el exterior, le dice complacido el padrastro, de manera que la más íntima decisión inmediatamente es integrada «en las formas de utilidad pública de las cuales son inseparables» (133). Así que ante la tentación que le manifiesta Sorge de dimitir de su condición de funcionario estatal, el otro le hace saber que su insumisión no dejará de constituir un buen servicio al Estado. Por otro lado, Sorge llega a contrastar hasta qué punto esto es cierto cuando va comprobando las evoluciones de quien a sus ojos es el máximo representante de la revolución: constata cómo su sentido de la autoridad y del orden se revelan de «la misma naturaleza que la informe desolación» que pretende organizar (197). Y esto se ve aún reforzado por el hecho de que el Estado va dejando de reaccionar con violencia ante los altercados de la revolución, para desplegar una «infinita tolerancia», con «el más puro espíritu de comprensión». Algo que no le tendría que sorprender, pues desde el principio ha sabido que el cabecilla revolucionario también es médico (le había dicho a Sorge: no soy ni un reformador ni un intrigante, «sino su médico. Yo le cuido» - 84).

---

19. M. Blanchot, *Aminadab* (1942), trad. Jacqueline y Rafael Conte, Madrid, Alfaguara, 1981, p. 161.

Por fin, así es como lo vive la enfermera-rebelde, convertida en amante de Sorge (amante del cuidado del poder establecido, pues): sólo con dificultad puede llegar a distinguir entre «la opresión y la liberación, la tristeza de la servidumbre y la tristeza de la libertad» (206).

9. «¡Sabotaje! ¡Sabotaje!», se escucha varias veces, a menudo en gritos de dos en dos, por las calles de la ciudad apestada. Es algo que a Sorge no sólo no le trae sin cuidado, sino que le inquieta especialmente («Entonces creí escuchar, pronunciada en voz baja, salida del fondo de los tiempos, una palabra que me heló: Sabotaje» - 101). Pero la cuestión que se le pone, si no a Sorge en persona, sí al lector (inquieto y cuidadoso), es la posibilidad, la viabilidad del sabotaje. Todo *El Altísmo* es un continuo ensanchamiento de la duda acerca de su alcance, en el sentido de que sea posible que se materialice realmente algún tipo de organización, o de acción, contra el estado de cosas, de manera que tal estado sea reversible. Ésta es la pregunta que se plantea a lo largo del libro sin llegar a contestarse. La pregunta puede que esté en el lado del lector, según entienda —y más bien resuelva— las palabras finales, el angustiante «ahora» que suelta Sorge, cuando le apunta un revólver con el que parece que se le va a disparar a bocajarro.

Manteniendo la forma interrogativa, Foucault lo expresa así, en un artículo publicado en 1979, en *Le Monde*, con este título: «¿Inútil sublevarse?».[20] Sin duda que se puede contestar a la pregunta de la manera más sensata, huyendo de ella (lo mismo que del interrogante implícito que se mantiene a lo largo de toda la novela de Blanchot). Entonces cabe matizar que el artículo de Foucault responde a las expectativas defraudadas ante la revolución de Irán (lo que, por otro lado, está referido ahí explícitamente). Pero más allá de ello, el filósofo mira más lejos: las sublevaciones, dice, pertenecen a la historia, pero añade que en cierto modo se le escapan. En este escaparse (y no en el huir de la pregunta en su más largo alcance) es donde tiene sentido la cuestión, y más exactamente en el contexto de su investigación acerca de la sexualidad: ¿cabía hablar de sublevación —o de sabotaje— tras *La voluntad de saber*, tras su tajante último capítulo acerca del

———

20. M. Foucault, en *Obras esenciales*, vol. II, ed. cit.

derecho de la muerte y el poder sobre la vida? Sin duda que el compás de espera y el consiguiente giro entre aquel primer volumen y los dos siguientes de la *Historia de la sexualidad* pasa por el sentido de ese preguntar por la posibilidad de la sublevación.

Éste es el escollo de la hipótesis de la biopolítica para la acción: que la catástrofe ya ha sucedido. Releído *Vigilar y castigar* —y *La voluntad de saber* al lado de los textos que llevan a él, como el curso «*Hay que defender a la sociedad*»—, está claro que ahí está sobreentendida esta expectativa de que la catástrofe ya ocurrió. El «estruendo de la batalla» está en el fondo de la biopolítica, de la misma manera que recorre todo *Vigilar y castigar*.

Y éste es, sin duda, un motivo mayor de Blanchot: el desastre ya acontecido y el hecho de estar viviendo, «nosotros», en su administración. Sorge, por no dejar de ser nunca un hombre cualquiera (queda dicho al abrirse el libro —«Yo no estaba solo, yo era un hombre cualquiera»— y después es repetido varias veces), es capaz de comprender que con arranques de rapidez seguidos de violentas pausas, «el fin llegaba, si bien el fin ya hacía tiempo que había llegado» (144). No es por casualidad que *El Altísimo* termine con una interrupción, como ocurre literalmente con *Vigilar y castigar* y el mencionado «estruendo de la batalla» —que ya en este libro es entendido claramente como la inversión de la conocida afirmación de Clausewitz, y que será desarrollado y explicitado por Foucault en textos y cursos posteriores a aquel libro. El pensamiento político de Blanchot, por su parte, está todo él preocupado por poner al descubierto el constante ocultamiento del continuo guerra-paz (que es el continuo guerra-política), un ocultamiento mantenido mediante un lenguaje de otra época que pretende perpetuar «el estilo de la historia y el discurso de la representación», es decir, que sigue usando las palabras «guerra» y «paz» con los «hábitos de la política heroica», cuando su distinción se ha deteriorado de tal manera que se ha llegado a una situación de indecisión, de ambivalencia entre ambas: «una extraña e indecisa condición, ese gran espacio errante y como secreto que poco a poco cubrió a nuestros países y donde se agitan misteriosamente los hombres, en la ignorancia del cambio que ellos mismos están llevando a cabo».[21] Todos los textos blancho-

---

21. M. Blanchot, *El diálogo inconcluso*, Caracas, Monte Ávila, 1993, p. 432. La traducción de este título —y, por desgracia, el mismo contenido del libro—

tianos de intervención política directa están marcados por ello, por el hecho de que —como se titula uno de ellos, de octubre de 1968— nos hallamos «En estado de guerra». En esta nueva situación, nuestro adversario es «un enemigo amistoso, benevolente, feroz», de suerte que «habitamos en una región ocupada».[22]

10. Todavía podríamos recurrir a Camus como punto de referencia y fuerte contraste, aunque sólo sea para seguir una pista inexplorada a partir de lo que nos puede sugerir el otro libro que dedicó a la peste, esta vez en forma de moderno auto sacramental. La pista está en su mismo título: *Estado de sitio*. Aquí la contraposición con los planteamientos de la novela blanchotiana es todavía mayor, pues Camus subraya aún más la exaltación heroica de la figura del hombre resistente, hasta el punto de concederle un tono cesarista y redentor. Precisamente por esto, el «estado de sitio» es entendido en su sentido más clásico, es decir, como un corte en el desenvolvimiento «normal» —«histórico»— de la vida ciudadana. Por ello, el papel del hombre rebelde consiste en restituir el orden, enfrentándose tanto a los que pretenden no reglamentar nada como los que intentan reglarlo todo, pues unos y otros «rebasan por igual los límites».[23] En cambio, lo que está en juego en *El Altísimo* es una muy peculiar implantación del estado de excepción en la que la excepcionalidad se apodera de la totalidad de la vida cotidiana, hasta sus mínimos detalles, sin dejar margen a ninguna forma de alternativa. Todo el libro es la descripción de esa implantación. Por ejemplo, ante un pequeño robo callejero, Sorge medita: «el Estado tiene necesidad de este ejemplo y que de vez en cuando le permite abrir un paréntesis por donde la historia, el pasado se precipita» (34). La radical diferencia está en que esto ahora —en el ahora del relato— deje de ocurrir «de vez en cuando» y se instituya como lo

---

no vierte correctamente el original (*L'entretien infini*, París, Gallimard, 1969), que sencillamente dice «la conversación infinita».

22. M. Blanchot, «En état de guerre», publicado inicialmente sin firma, en el único número de la revista *Combat*, recogido ahora en Blanchot, *Écrits politiques. Guerre d'Algérie, Mai 68, etc.*, París, Lignes-Eds. Léo Scheer, 2003, pp. 100 ss. En todos los textos recogidos en este libro (concentrados en tres etapas concretas: 1958-1962, 1968 y 1981-1993) se puede detectar la constante continuidad política sostenida por Blanchot tanto en su narrativa —especialmente en *El Altísimo*— como en sus textos teóricos —caso de *L'entretien infini*— y de intervención inmediata —los recogidos ahora en *Écrits politiques*.

23. A. Camus, *Estado de sitio*, en *Obras*, vol. II, ed. cit., p. 289.

normal. Así es como Sorge nota que el Estado «está en mí por todas mis fibras, le siento existir en todo lo que hago» (26).

Giorgio Agamben describe el estado de excepción al menos con los siguientes rasgos: 1) no como una dictadura, sino como «un espacio vacío de derecho, una zona de anomia en que todas las determinaciones jurídicas —y, sobre todo, la distinción misma entre lo público y lo privado— son desactivadas»; 2) ese espacio resulta ser tan consubstancial al orden jurídico que éste busca la forma de mantenerse relacionado con él; 3) ese espacio «parece situarse en un no-lugar absoluto»; y 4) la suspensión de la ley libera una fuerza de ley, en la negación (tachadura) de la ley misma.[24] Cada uno de estos puntos los podemos encontrar prefigurados a lo largo de *El Altísimo*, donde se describe el surgimiento de la «fuerza de ley» en la misma suspensión de la ley. Con estas palabras: «Incluso lo que haga para escapar a la ley será la fuerza de la ley para usted» (134). De hecho, esto forma parte de la larga reflexión blanchotiana acerca de la interrupción de la historia y aún en el «estado de guerra» —la indistinción guerra/paz—, son rasgos de ese pensamiento otro al que se vincula Blanchot, prolongándolo (y así por Foucault, por Agamben), y que tiene en Walter Benjamin una intuición que es el núcleo de una «filosofía política» que gira alrededor de la idea de que el estado de excepción se ha convertido en la regla. En este punto dejemos insinuado que lo que Blanchot llama «desastre» acaso puede ser leído, sin forzarlo en lo más mínimo, como «estado de excepción». De la batería de definiciones con las que se abre el libro sobre el desastre, que es como un precipitado de intentos iniciales por acercarse a lo que eso pueda ser —«el desastre»—, fijémonos en ésta: «El desastre, cuidado de lo ínfimo, soberanía de lo accidental».[25] Así, la conocida octava tesis de filosofía de la historia de Benjamin encuentra un largo desarrollo que pasa por Bataille, Blanchot, Foucault y Agamben.

11. Acaso los rastros que nos permiten señalar una tentativa biopolítica en Blanchot constituyan la mejor manera de plantear la mera *hipótesis* biopolítica con una precaución que no siempre

---

24. Me remito a todo *Homo sacer*, de G. Agamben, especialmente a su segundo volumen, *Estado de excepción*, de donde extraigo esta recapitulación (Valencia, Pre-Textos, 2004, pp. 75-76).

25. M. Blanchot, *L'écriture du désastre*, ed. cit., p. 11.

se toma. Ahora que la primera formulación foucaultiana puede ser observada con cierta perspectiva, y que disponemos de algunos desarrollos considerables (especialmente los debidos a Agamben), detengámonos un momento para señalar el lado más discutible, o en todo caso discutido, de la biopolítica. Y éste gira, sobre todo, en el punto en que olvida la condición de hipótesis y pasa a acariciar su sistematización. Es la tentación de la disciplina científica.

De alguna manera, no habría nada menos foucaultiano, y es como si el mismo Blanchot, hablando de Foucault, lo previera, al recordar la prevención de éste hacia lo que llamó «ciencias dudosas», empezando por las extravagantes —dice y sin duda que incluía entre ellas— «ciencias humanas».[26]

Es en este punto que hay que situar la actitud de alerta ante la hipótesis biopolítica —es decir, insisto, cuando deja de ser tal hipótesis— por parte de los pensadores de la deconstrucción. Y ello hay que señalarlo en la medida que ellos siguen muy estrechamente una línea que también parte de Bataille y que se desarrolla de una forma estrechamente vinculada a Blanchot.

En su último libro específicamente político, Jacques Derrida hace dos breves menciones a la cuestión biopolítica, ambas en términos críticos. En primer lugar para poner en duda lo que constituye la piedra de toque de la biopolítica —el alcance de la distinción entre *bios* y *zoe*— según la expone Agamben. El apunte sólo queda remachado con la afirmación, entre paréntesis, de volver a la cuestión en otra ocasión. La segunda mención la hace Derrida más de pasada, para referirse a la excesiva rapidez con que se apela a la razón técnica en las tecno-ciencias o en la biopolítica.[27]

Por otro lado, Jean-Luc Nancy ha dedicado un breve texto a poner en cuestión la utilidad del término «biopolítica», dada su excesiva ambigüedad, y porque en el fondo entiende que se le escapa la misma «vida» de una forma de vida y la «política» como forma de coexistencia.[28] Pero acaso la crítica aquí dé en el clavo, aun pretendiendo lo contrario, pues del estropicio de toda for-

---

26. Lo dice así: «las ciencias dudosas, ciencias que no le gustan, sospechosas, ya incluso en su extravagante denominación de "ciencias humanas"», *Michel Foucault tal y como yo lo imagino*, ed. cit., p. 32. Esa conciencia de extravagancia me recuerda a la continua chacota de Thomas Bernhard a propósito de las «malogradas» «ciencias del espíritu».

27. J. Derrida, *Voyous*, París, Galilée, 2003, respectivamente p. 46 y p. 191.

28. Jean-Luc Nancy, «Nota sobre el término "biopolítica"», *La creación del mundo o la mundialización*, Barcelona, Paidós, 2003.

ma de vida y de la desarticulación de la política como coexistencia trata —o quiere desenmascarar— el pensamiento acerca de la biopolítica. Otra cosa es avisar del peligro, y ahí esas críticas serían oportunas, de hablar con una excesiva facilidad de «la» biopolítica, algo que entonces sí que caería fuera de toda tentativa blanchotiana, y aun foucaultiana.

12. ¿Cómo era aquella pregunta acerca de la peste? Por el camino, puede que esta pregunta haya sido relevada por otra: «¿qué has hecho para el conocimiento del desastre?».[29] Y la respuesta es: nada, porque el desastre mismo ha impedido contestar —no ha dejado margen para una contestación—, cuando él nos ha quitado el refugio del pensamiento de la muerte, nos ha disuadido de lo trágico o de lo catastrófico (ya acontecido). Realmente, aquí desastre y peste —la peste que sea, es decir, ahora también el sida— son intercambiables, y se les nota que son unos términos que de una manera cuidadosa, inquieta, se nos han atravesado a fin de no hacer viable ninguna respuesta. Pero hay que seguir preguntando: ¿cómo se aprendió a luchar contra la peste? Así se formuló la pregunta y ésta fue la respuesta: «No fue únicamente mediante el aislamiento de los apestados, sino fragmentando estrictamente el espacio maldito, inventando una tecnología de disciplina de la que más tarde se beneficiaría la administración de las ciudades, y, en fin, mediante encuestas minuciosas que, una vez desaparecida la peste, servirán para impedir el vagabundeo (el derecho a ir y venir de la "gente de a pie"), y hasta prohibir el derecho a desaparecer que todavía nos es negado hoy en día de una forma u otra».[30] Lo aprendido en aquella lucha propició varios tipos de conocimiento. La inquietud y el cuidado. Sorge, el hombre de una sorda lucidez en su misma simplicidad, lo entendió así: «Cuando uno lo comprende todo, como yo, eso es un infierno» (150).

---

29. M. Blanchot, *ibíd.*, p. 10.
30. M. Blanchot, *Michel Foucault tal y como yo lo imagino*, ed. cit., p. 37.

«UNA BIOPOLÍTICA MENOR» Entrevista con Giorgio Agamben*

Giorgio Agamben es filósofo. Ha teorizado, especialmente, en la línea de Foucault, sobre la «biopolítica». Una estructura de poder muy antigua, cuya genealogía él remonta a la Antigüedad occidental, y que no ha cesado de expandirse desde entonces, hasta llegar a convertirse en la forma dominante de política en los Estados modernos: un «estado de excepción convertido en regla». El objeto propio de la biopolítica es la «nuda vida» (*zoé*), término que designaba en los griegos «el simple hecho de vivir», común a todos los seres vivos (animales, hombres o dioses), distinto a la vida cualificada (*bios*), que indicaba «la forma o manera de vivir propia de un individuo o un grupo». El objeto de la soberanía, según Giorgio Agamben, no es la vida cualificada del ciudadano, charlatana y protegida por derechos, sino la vida nuda y reducida al silencio de los refugiados, los deportados o los perseguidos: la del *homo sacer* expuesto sin mediación al ejercicio, sobre su cuerpo biológico, de una fuerza de corrección, de encierro o de muerte. Al modelo de la ciudad, considerado rector de la política occidental desde siempre, él opone el del campo, «nomos de la modernidad», paradigma de esta «politización de la nuda vida» que se ha convertido en lo habitual del poder. La estructura de la política occidental, nos dice, ya no es la palabra, sino el bando.[i]

---

* Conversación mantenida con Stany Grelet y Mathieu Potte-Bonneville, y publicada en la revista *Vacarme*, n.° 10, invierno 1999-2000. Traducción y notas de Javier Ugarte Pérez.

i. *Homo sacer, le pouvoir souverain et la vie nue*, Seuil, 1997 (*Homo sacer. El poder soberano y la nuda vida*, Pre-Textos, 1998); *Ce qui reste d'Auschwitz*, Bibliothèque Rivages, 1999 (*Lo que queda de Auschwitz. El archivo y el testigo*, Pre-Textos, 2000).

Esta tesis tiene evidente actualidad. Las medidas de salud pública, regulación del trabajo, control de la inmigración o prohibición de las drogas, revelan la naturaleza eminentemente biopolítica de las políticas públicas contemporáneas. Se aplican precisamente a nudas vidas atrapadas en las categorías y dispositivos de un poder que las trata como a tales: vidas expuestas y administradas. Se piensa inmediatamente en los sin papeles, es cierto, objetos de campos muy literales, muy reales. Pero también en los usuarios de drogas, obligados a cuidarse o encarcelados; en los parados, obligados a trabajar o condenados a la miseria de un Estado del bienestar cada vez más parco; o bien en otros. No es, sin duda, por azar que los recientes debates sobre el PACS[1] han contemplado la proliferación de metáforas animales. En el mismo Parlamento, corazón teórico de las ciudades parlamentarias, el *bios* cede el paso a la *zoé* desde que se legisla sobre vidas.

Pero Giorgio Agamben no se limita a un análisis conceptual. Repetidas veces reclama y anuncia, de una manera bastante profética, «otra política».[ii] Ésta se desarrollará en el lugar mismo donde se ejerce la soberanía moderna, puesto que de ahí no se escapa. Ésta, para ser «otra» deberá, sino abstraerse, al menos afrontarla o subvertirla. Ahora bien, pudiera suceder que los grupos más expuestos al biopoder estén en camino, desde la experiencia que tienen y las resistencias que le oponen, de inventar la alternativa que Agamben reclama. Cogidos entre los aparatos del biopoder, sin verdadera oportunidad de salir de ellos (¿cómo escapar al poder médico cuando se está afectado por el VIH, a la administración del Estado del bienestar cuando no se tienen recursos, a los centros de retención o a las zonas de espera cuando no se tienen papeles, etc.?), estos grupos inventan una biopolítica menor, como contrapunto a la del adversario. Reivindicando de qué vivir: tratamientos

---

1. El PACS o Pacto Civil de Solidaridad es la ley que regula en Francia las parejas de hecho, tanto heterosexuales como homosexuales. Su aprobación levantó una oleada de protestas contra la mayoría de izquierda en el Parlamento [*Nota del traductor*].

ii. *La comunnité qui vient, théorie de la singularité quelconque*, Seuil, 1990 (*La comunidad que viene*. Pre-Textos, 1996); *Moyens sans fin, notes sur la politique*, Bibliothèque Rivages, 1995 (*Medios sin fin. Notas sobre la política*, Pre-Textos, 2001).

antirretrovirales, ingresos mínimos garantizados, drogas legales y seguras, etc. Enfrentándose al poder allí donde se ejerce: en la ventanilla de las administraciones, en las burocracias sanitarias, en los tribunales ordinarios, etc. Buscando, de alguna forma, el *bios* de su *zoé*.

P.- Si habíamos deseado reunirnos contigo, es en particular para preguntarte sobre «la otra vertiente», si se puede expresar así, de la biopolítica que desarrollas. Cierto número de movimientos —aquellos precisamente de los que hemos salido o a los que estamos cercanos: el de los sin papeles, el de los trabajadores precarios, el de los enfermos de sida, o aquél otro, emergente, de los usuarios de drogas— se desarrollan exactamente en el lugar político que has identificado: en esta zona de indistinción «entre público y privado, cuerpo biológico y cuerpo político, *zoé* y *bios*», en este «estado de excepción que se ha convertido en regla». Ahora bien, de estos movimientos hablas poco, o indirectamente. Rondan tus escritos, pero más como objetos (de los campos, del Estado del bienestar o del poder médico) que como sujetos. Analizas con precisión la biopolítica mayor, la del enemigo, de la que trazas minuciosamente la genealogía, y cuyo hogar, según dices, sería ese *homo sacer*, vida nuda expuesta al poder soberano, y de la que examinas con atención tanto los dispositivos como el campo; en cambio, abandonas las biopolíticas de respuesta o de reapropiación, las biopolíticas menores, «nuestra» biopolítica, por así decir: ¡la de AC!, los colectivos sin papeles o *Act Up*.[2] Piensas, sin embargo, en su posibilidad y necesidad: «Es —afirmas— a partir de este territorio incierto, zona opaca de indiferenciación, que debemos encontrar hoy el camino de otra política, otro cuerpo, otra palabra. No sabría renunciar bajo ningún pretexto a esta indistinción entre público y privado, cuerpo biológico y cuerpo político, *zoé* y *bios*. Es ahí donde debo encontrar mi espacio; allí o en ningún otro sitio. Sólo una política que parta de esta conciencia puede interesarme». Pero no exploras las formas concretas de lucha que practican, precisamente, la po-

2. *Act Up* es un grupo formado por activistas que luchan contra la marginación provocada por el sida. Originario de Estados Unidos, la sección francesa se fundó en París en 1989 [*Nota del traductor*].

lítica desde esta conciencia —y esta experiencia— del estado de excepción. Ahora bien, ¿no se encuentra ahí, precisamente, donde los parados reclaman un ingreso garantizado, los enfermos de sida exigen tratamientos o los usuarios de drogas reivindican drogas seguras, el embrión de esa otra biopolítica que reclamas con fuerza?

R.- En un sentido, habría que darle la vuelta a la pregunta. Es más bien de los actores en cuestión de quienes habría que esperar una respuesta. Dicho esto, si los movimientos y sujetos de quienes hablas «rondan mis escritos, pero más como objetos que como sujetos», se debe a que veo ahí un problema mayor: la cuestión del sujeto, precisamente, que no puedo concebir más que en términos de procesos de subjetivización y de desubjetivación, o más bien como una diferencia o un resto entre estos procesos. ¿Quién es el sujeto de esta nueva biopolítica, o más bien de esta biopolítica menor de la que habláis? Es un problema siempre esencial en la política clásica; por ejemplo, cuando se trata de encontrar al sujeto revolucionario. Hay personas que continúan planteando este problema en el antiguo sentido del término: el de la clase, el del proletariado. No son problemas obsoletos, pero desde que se plantea sobre el nuevo terreno donde se habla, por ejemplo, del biopoder, de la biopolítica, el problema es difícil de otro modo. Porque el Estado moderno funciona, me parece, como una especie de máquina de desubjetivizar, es decir como una máquina que mezcla todas las identidades clásicas y, al mismo tiempo, Foucault lo muestra bien, como una máquina de recodificación, sobre todo jurídica, de las identidades disueltas: hay siempre una resubjetivación, una reidentificación de estos sujetos destruidos, vacíos de toda identidad. Me parece que hoy el terreno político es una especie de campo de batalla donde se despliegan estos dos procesos: al mismo tiempo destrucción de todo lo que era identidad tradicional —no lo digo con nostalgia, ciertamente— y resubjetivización inmediata por el Estado; y no solamente por el Estado, sino también por los mismos sujetos.

Es lo que habéis evocado en vuestra pregunta: el conflicto decisivo se juega a partir de ahora, para cada uno de sus protagonistas, comprendidos aquí los nuevos sujetos de quienes habéis hablado, sobre el terreno de lo que llamo la *zoé*, la vida biológica. Y, en efecto, no de otra cosa se trata: no es cuestión, creo, de volver a la oposición política clásica que separa claramente privado y público, cuerpo político y cuerpo privado, etc. Pero este terreno también nos expone a los procesos de dependencia del biopoder. Se encuentra ahí, pues, una ambigüedad, un riesgo. Esto es lo que mostraba Foucault: el riesgo es que se reidentifique, que se invierta esta situación de una nueva identidad, que se produzca un sujeto nuevo, sea, pero sometido al Estado, que se reconduzca desde entonces, a pesar de uno mismo, este proceso infinito de subjetivación y sujeción que define justamente al biopoder. Creo que no se puede escapar al problema.

P.- ¿Se trata de un riesgo o de una aporía? ¿Toda subjetivación es fatalmente una sujeción, o se puede sacar algo parecido a una máxima, una receta de subjetivación que permitiría escapar a la sujeción?

R.- En los últimos trabajos de Foucault, hay una aporía que me parece muy interesante. De una parte está todo el trabajo sobre la «inquietud de sí»: es necesario preocuparse de uno mismo, en todas las formas de práctica de sí. Y al mismo tiempo, repetidas veces, enuncia el tema aparentemente opuesto: es necesario desprenderse de sí. Afirma numerosas veces: «Se ha llegado al fin en la vida si se interroga sobre la identidad de uno; el arte de vivir consiste en destruir la identidad, destruir la psicología». Por tanto, he aquí una aporía: una inquietud de sí que debe conducir a un abandono de sí. Una forma en la que se podría plantear la cuestión sería: ¿en qué consiste una práctica de sí, no tanto como proceso de subjetivación, pero que no conduciría a otra cosa más que a un abandono, que encontraría su identidad únicamente en un abandono de sí? Haría falta, por así decir, mantenerse en este doble movimiento, desubjetivación y subjetivación. Evidentemente, es un terreno en el que es difícil sostenerse.

Se trata verdaderamente de identificar esta zona, este *no man´s land* que estaría entre un proceso de subjetivación y un proceso contrario de desobjetivación, entre identidad y no identidad. Habría que identificar este suelo, porque sería el terreno de una nueva biopolítica. Es esto precisamente lo que vuelve interesante a mis ojos un movimiento como el de los enfermos de sida. ¿Por qué? Porque me parece que allí no se identifica más que sobre el umbral de una desubjetivación absoluta, que algunas veces puede ser incluso a riesgo de morir. Me parece que es posible sostenerse en este umbral. He intentando un poco en el libro sobre Auschwitz, a propósito del testimonio, ver al testigo como modelo de una subjetividad que no sería más que el sujeto de su propia desubjetivación. El testigo no testimonia de otra cosa que de su propia desubjetivación. El superviviente testimonia únicamente por los musulmanes.[iii] Lo que me interesaba en la última parte de este libro, era verdaderamente identificar un modelo de sujeto como el que permanece entre una subjetivación y una desubjetivación, la palabra y el mutismo. No es un espacio sustancial, sino más bien una diferencia entre dos procesos. No se trata más que de un comienzo. Apenas se toca aquí una nueva estructura de la subjetividad, pero es muy complicada; se trata de todo un trabajo a realizar. Sería necesario, verdaderamente... Es una práctica, no un principio. Creo que no se pueden tener principios generales, salvo estar atento a no recaer en un proceso de resubjetivación que sería al mismo tiempo una dependencia; es decir, no ser un sujeto más que en la medida de una estrategia o de una práctica. Por eso, es

---

iii. *Der Muselmann*, el «musulmán» designa, en el argot de los campos, al hombre momia, al muerto viviente, aquél que ha cesado de luchar, ha perdido toda conciencia y toda voluntad. Este término reenvía probablemente «al significado literal del término árabe *muslim*, que designa al que se somete incondicionalmente a la voluntad de Dios» (*Lo que queda de Auschwitz*, p. 45). Según la Enciclopedia Judaica, podía provenir «de la actitud típica de estos deportados, es decir, la de estar acurrucados en el suelo, con las piernas replegadas a la manera «oriental», con la cara rígida como una máscara» (*Ibídem*, pp. 45-46). Para Giorgio Agamben, el «musulmán» es el nombre de lo intestimoniable: «El testigo testimonia de ordinario a favor de la verdad y de la justicia, que son las que prestan a sus palabras consistencia y plenitud. Pero en este caso el testimonio vale en lo esencial por lo que falta en él; contiene, en su centro mismo, algo que es intestimoniable, que destruye la autoridad de los supervivientes. Los «verdaderos» testigos, los "testigos integrales" son los que no han testimoniado ni hubieran podido hacerlo. Son los que "han tocado fondo", los musulmanes, los hundidos. Los que lograron salvarse, como seudotestigos, hablan en su lugar, por delegación: testimonian de un testimonio que falta. Pero hablar de delegación no tiene aquí sentido alguno: los hundidos no tienen nada que decir, ni instrucciones ni memorias que transmitir. No tienen "historia" ni "rostro" y, mucho menos, "pensamiento" [Levi 3, p. 97]. Quien asume la carga de testimoniar por ellos sabe que tiene que dar testimonio de la imposibilidad de testimoniar» [*Ibídem*, p. 34].

muy importante ver en la práctica de cada uno, o la que los movimientos tienen por sí mismos, cómo se dibujan estas posibles zonas. Y esto puede estar por todas partes, trabajando a partir de esta noción de la inquietud de sí en Foucault, pero también desplazándola a otros dominios: toda práctica de sí que se pueda tener, incluso esta mística cotidiana que es la intimidad; todas estas zonas donde se ronda una zona de no conocimiento o de desubjetivación, sea la vida sexual o no importa qué aspecto de la vida corporal. Allí hay siempre figuras donde un sujeto asiste a su debacle, ronda su desubjetivación; todo esto son zonas cotidianas, una mística cotidiana muy banal. Es necesario estar atento a todo lo que nos proporcionaría una zona de este género. Es aún muy vago, pero esto es lo que ofrecería el paradigma de una biopolítica menor.

P.- Presentas la identidad como un riesgo, un error del sujeto. ¿No hay, sin embargo, una profundidad material de las identidades que se daría en la medida en que el adversario nos asigna a ellas, sea por la ley (piensa en las leyes sobre inmigración) o por el insulto (piensa en los insultos homófobos), que las vuelve objetivas, por así decir? En otros términos, ¿qué margen de desubjetivación nos dejan nuestras condiciones sociales?

R.- Trabajo en este momento sobre las cartas de Pablo, quien plantea el problema: «¿En qué consiste la vida mesiánica? ¿Qué vamos a hacer ahora que estamos en el tiempo mesiánico? ¿Qué vamos a hacer en relación con el Estado?». Y allí se encuentra este doble movimiento que ha sido siempre un problema, que me parece muy interesante. Pablo dice al mismo tiempo: «Permanece en la condición social, jurídica o identitaria en la cual te encuentras. ¿Eres esclavo? Permanece esclavo. ¿Eres médico? Continúa siendo médico. ¿Eres mujer y estás casada? Permanece en la vocación a la que has sido llamado». Pero al mismo tiempo, dice: «¿Fuiste llamado siendo esclavo? No te preocupes. Y aunque puedas hacerte libre, aprovéchate más bien». Es decir, que no se trata de que cambies de estatuto jurídico o que cambies de vida, sino de que te aproveches. Precisa a continuación lo que quiere decir con una imagen muy hermosa: «como si no» o «como no». Es decir: «¿Lloras? Como si no llorases. ¿Te alegras? Como si no te alegrases. ¿Estás casado? Como no-casado.

¿Has comprado una cosa? Como no-comprada, etc.». Se encuentra este tema del «como no». No es «como si», sino «como no». Literalmente, consiste en: «Llorando, como si no lloraras; casado, como si no lo estuvieses; esclavo, como no esclavo». Es muy interesante, porque se diría que él considera usos de conductas de vida que, al mismo tiempo, no se enfrentan cara a cara al poder —permanece en tu condición jurídica, en tu vocación social—, pero las transforman completamente en la forma del «como no». Me parece que la noción de uso, en este sentido, es muy interesante: es una práctica a la que no se puede asignar el sujeto. Eres esclavo, pero puesto que haces un uso, sobre el modo del como no, ya no eres esclavo.

P.- ¿Cómo un uso tal podría ser propiamente político o darse bajo condiciones políticas? Porque sería posible ver ahí una conversión del pensamiento estrictamente individual o ético, e incluso religioso, en todo caso singular y «privado», digamos entre comillas. ¿Qué relación mantiene esta conversión, cara a cara de su propio estatuto, que permite no ser más un sujeto, con la política? ¿Para qué necesita de la comunidad, la lucha o el conflicto?

R.- Por supuesto, se considera algunas veces este tema en Pablo como relevante de la interiorización. Pero no creo que se trate sólo de esto. Su problema es, al contrario, el de la vida mesiánica a la que él se dirige. Por ejemplo, este tema del uso, se lo ve resurgir de forma muy fuerte —bajo una crítica del derecho— en el movimiento franciscano, donde el problema es la propiedad: las órdenes que practican la pobreza extrema rehúsan toda propiedad, pero al mismo tiempo deben hacer uso de ciertos bienes. Por este motivo hay un conflicto muy fuerte con la Iglesia, en el sentido en que la Iglesia puede admitir que rehúsen un derecho de propiedad en cuanto derecho de propiedad del individuo o derecho de propiedad de la orden —porque ellos lo rehúsan incluso en tanto que orden—, pero querría que ellos entendieran su conducta de vida como derecho de uso. Es algo parecido a lo que ahora existe: el usufructo, el derecho de uso, en tanto que separado del derecho de propiedad. Pero insisten en lo contrario, y en esto consiste el conflicto: dicen «No, no es un derecho de uso, es el uso sin derecho». Llaman a esto *usus pauper*, el uso pobre. Consiste en la idea de abrir una zona de vida comunitaria que haga uso, pero que no tenga el derecho y no lo reivindique. Por otro lado, los franciscanos no critican la propiedad, y dejan todos sus derechos a la Iglesia: «¿La propiedad? No la queremos. Sólo nos servimos de ella». Se puede así decir que este problema es puramente político, o al menos comunitario.

P.- Sin embargo, ¿se trata sólo de una casualidad que las referencias que utilizas para pensar sobre esta alternativa pertenezcan a la esfera religiosa? Por un momento, al leerte, hay en la designación de esta otra política, o de este otro estatuto político, algo parecido a un tono profético. Escribes por ejemplo: «Por esta razón, si es lícito avanzar una profecía sobre la política que viene, *ésta no será ya una lucha por la conquista o el control del Estado por parte de nuevos o viejos sujetos sociales, sino una lucha entre el Estado y el no-Estado (la humanidad), disyunción insuperable de las singularidades cualesquiera y de las organizaciones estatales*».[3] ¿Qué lugar asignas a estas referencias y a este tono en tu trabajo?

R.- Lo que me interesa en los textos de Pablo, no es tanto el dominio de la religión, cuanto este ámbito puntual que tiene relación con lo religioso, pero que no coincide con él, que es lo mesiánico, dominio muy próximo a lo político. Ahí se encuentra otro autor decisivo para mí, que no es en absoluto religioso: se trata de Walter Benjamin, quien piensa lo mesiánico como paradigma de lo político o, digamos, del tiempo histórico. Es más bien esto lo que me importa. Y pienso, efectivamente, que la manera en que, en la primera de las *Tesis sobre el concepto de historia*, Benjamin introduce la teología en tanto que entidad que, incluso oculta, debe ayudar al materialismo histórico a ganar la partida contra sus enemigos, permanece un gesto muy legítimo y muy actual que nos proporciona, justamente, los medios para pensar de otra forma el tiempo y el sujeto. Ahora bien, habláis de profeta... Estos días, estaba escuchando los cursos grabados de Foucault, sobre todo ése donde dis-

3. Agamben (2001, 75). La cursiva es del original. Las citas que aparecen en el texto remiten a la edición castellana.

tingue cuatro figuras de la veracidad en nuestra cultura: el profeta, el sabio, el técnico y después aquel al que llama el parresiastés, quien tiene el coraje de decir la verdad. El profeta habla al futuro, y no en su nombre, sino en nombre de cualquier otra cosa. El parresiastés, al contrario, con el cual Foucault se identifica sin duda, habla en su nombre, y debe decir lo que es verdad ahora, hoy. Por supuesto, afirma que no se trata de figuras separadas.

Yo reivindicaría más bien la figura del parresiastés que la del profeta. Por supuesto, el profeta es muy importante, y es incluso una catástrofe que haya desaparecido de nuestra cultura: la figura del profeta era aquella del líder político hasta hace cincuenta años, y ha desaparecido por completo. Pero, al mismo tiempo, me parece que ya no se puede pensar más en un discurso que se dirija al futuro. Es necesario pensar la actualidad mesiánica, el *kairos*, el tiempo presente. Dicho esto, se trata de un modelo de tiempo muy complicado, puesto que no se trata ni del porvenir —la escatología futura, lo eterno— ni exactamente del tiempo histórico, el tiempo profano; consiste en un trozo de tiempo retenido sobre el tiempo profano que, de golpe, se transforma. Benjamin ha escrito en alguna parte que Marx ha secularizado el tiempo mesiánico en la sociedad sin clases. Es completamente cierto. Pero al mismo tiempo, con todas las aporías que esto engendra —las transiciones, etc.—, se trata de una especie de escollo sobre el cual la Revolución ha encallado. No se dispone de un modelo de tiempo que permita pensar esto. En todo caso, creo que lo mesiánico es siempre profano, nunca religioso. Es, incluso, la última crisis de lo religioso, la proyección de lo religioso en lo profano. En relación con esto, pienso en una revista que acaba de ser publicada en Francia, por gente joven que conozco, que se llama *Tiqqun*.[iv] Ahí se encuentra verdaderamente una revista mesiánica, porque *Tiqqun*, en la cábala de Luria, es justamente el término de la redención mesiánica, de la restauración mesiánica. Me interesa porque se trata de una revista extremadamente crítica, muy política, que adopta un tono mesiánico, pero siempre de forma completamente profana. Así, llaman «Bloom» a los nuevos sujetos anónimos, a las singularidades cualesquiera, vacia-

---

iv. *Tiqqun, revista de metafísica crítica.*

das, prestas a todo, que pueden difundirse por todas partes, pero permanecen imperceptibles, sin identidad pero reidentificables en cada momento. El problema que se plantean es: ¿cómo transformar este Bloom, cómo Bloom va a dar el salto más allá de sí mismo?

P.- Puede ser que tengamos dificultad para seguirte. No tanto sobre la postura mesiánica, sino sobre las «singularidades cualesquiera». ¿Cómo decirlo? Si te entendemos bien, la biopolítica nueva, esta política que se anuncia, revela más de fuga o de salida que de resistencia o conflicto. De un lado, identificas muy claramente un enemigo, un adversario muy macizo, muy consistente, muy coherente, de quien se puede trazar largas genealogías, de quien se puede señalar dispositivos recurrentes, etc. Del otro, frente a la consistencia de este adversario, todo sucede como si defendieras una especie de política de la inconsistencia, de la disolución, de la finta: más que fabricar sujetos colectivos, habría que aprender a «desprenderse de sí»; en lugar de reivindicar derechos, habría que imaginar «usos sin derecho»; más que enfrentarse al Estado, habría que asumirse como un «no-Estado», etc. Ahora bien, ¿se tiene siempre la libertad de huir? Nos parece que la potencia de los aparatos biopolíticos (pensemos en las políticas de salud pública, en la administración del Estado del bienestar, en el control de la inmigración, etc.) tiene que ver precisamente con su fuerza, terrible, de captura. Por decirlo sin miramientos, tendrás que disculparnos, bien pudiera suceder que la desubjetivación sea un lujo cuya posibilidad no se ofrece precisamente más que a quienes escapan a los aparatos del biopoder. ¿Cómo desprenderse de sí, esquivar la resubjetivación, ser un no-Estado, etc., cuando se es «seropositivo», «RMIsta»[4] o «toxicómano», es decir alguien tomado, literalmente, en las categorías y dispositivos del biopoder? ¿No se está, muy a menudo, obligado a obrar como tales más que como no, por retomar tus términos? En suma, se puede tener la sensación de que defiendes la movilidad y la finta allí donde la potencia de cap-

---

4. Es decir, receptor del Revenu Minimun d'Insertion, ayuda que reciben en Francia quienes participan en actividades que sirvan para su reinserción, como cursos de capacitación laboral, alfabetización, etc. [*Nota del traductor*].

tura y el espesor material del enemigo no nos dejan otra elección que afrontarlo.

R.- Veo bien el problema. Creo que todo depende de lo que se entienda por fuga. Es un elemento que se encuentra ya en Deleuze: la «línea de fuga», el elogio de la fuga. Tenéis razón para protestar. La noción de fuga no implica que haya otro lugar donde se pueda ir. No, se trata de una fuga muy particular. Es una fuga que no tiene otro lugar; ¿dónde estaría el lugar donde se podría huir? En algunos casos, cuando el muro de Berlín se mantenía en pie, por ejemplo, había fugas evidentes porque había un muro (¿pero existía un lugar otro?). Para mí, se trataría de pensar una fuga que no implique una evasión: un movimiento en la situación donde tiene lugar. Es únicamente en cuanto tal que la fuga podría tener significación política. Y después, existe otro problema que me parece que guarda relación con la cuestión que habéis planteado. Es el problema que se encuentra en Marx cuando hace la crítica de Stirner. En *La ideología alemana*, consagra más de cien páginas al teórico de la anarquía, de quien rechaza la distinción entre revuelta y revolución. Stirner teoriza la revuelta como acto personal de sustracción, egoísta. Para Stirner, la revolución es un acto político que apunta al conflicto contra una institución, en tanto que la revuelta es un acto individual que no contempla destruir las instituciones. Se trata, simplemente, de dejar al Estado existir y no afrontarlo: se destruirá él mismo. Es suficiente con sustraerse —una fuga.

Marx critica con dureza este elemento, pero el hecho de que le consagre cien páginas muestra con claridad que es un problema serio. A esta oposición revuelta/revolución, opone una especie de unidad entre la revuelta y la revolución. No enfrenta un concepto político a un concepto anárquico e individual, sino que busca la unidad de ambos: será por razones egoístas, por así decir de revuelta, que un proletariado realizará un acto directamente político. Ahí, incluso si esto plantea otros problemas, tendría tendencia a pensar como Marx: una especie de unidad de dos gestos, o bien de hueco, diríamos. Tendría tendencia a pensar no tanto en un corte que aísla la fuga de la revolución, como en una tendencia a hacerlo, así que todo acto que emana de la necesidad singular de un individuo, el proletariado, que no tiene ninguna identidad, ninguna sustancia, será también, a pesar de todo, un acto político. Creo que no es necesario oponer acción política y fuga, revuelta y revolución, sino intentar pensar el hueco. Pero esto es un problema para Marx también; consiste en el problema de la clase. La clase no tiene conciencia, el proletariado existe en tanto que sujeto, pero sin conciencia. De donde viene el problema leninista del partido: sería necesaria cualquier cosa que no sea diferente de la clase, que no sea otra cosa que la clase, pero que será, por así decir, el órgano de su conciencia. Es una aporía, ésta también. No digo que haya una solución para este problema, entre las líneas de fuga que serían un gesto de revuelta y una línea puramente política. Ni el modelo de partido ni el modelo de acción sin partido: hay necesidad de inventarlo. Porque después se cae en el problema de la organización política, del partido-clase, que va a producir un «nosotros»: el partido es el que vela porque toda acción sea política y no personal, no individual; la clase, al contrario, es el órgano de una infinita producción de actos no políticos, de revueltas individuales. Pero el problema es real.

P.- Es, por otro lado, un problema que se plantea, en la práctica, a todos los que buscan producir un colectivo —y en ocasión del «nosotros»— fuera de esas máquinas de agregar que son los partidos políticos, y sin el socorro de un principio general superior, sea éste la República, la Clase o el Hombre. Si *Vacarme* se siente próxima a las asociaciones de enfermos, de parados o de trabajadores precarios, es precisamente porque inventan algo parecido a una política en primera persona, en formas de organización nuevas, donde las distinciones entre lo social y lo político, la clase y su conciencia, lo singular y lo universal, etc., se borran y donde la significación política de los actos es inmanente a los actos mismos.

R.- Sí. Haría falta inventar una práctica que rompiera la cáscara de estas representaciones. Seguramente, no un sujeto sustancial a identificar, sino otra cosa que me parece haber encontrado en Pablo, para volver a mi trabajo en curso. Pablo tiene relación con la ley judía que separa los hombres en judíos y no judíos, judíos y gentiles. ¿Qué hace con esta división? Se presenta a menudo a Pablo como si fuese el mentor del universalismo, alguien que habría opuesto a estas divisiones —judío / no-judío— un nuevo principio universal, padre de la Iglesia católica, es decir universal. Pero cuando se contempla su trabajo de cerca, sucede exactamente lo contrario. Frente a esta división impuesta por la ley (en el fondo considera la ley como aquello que divide, que reparte entre judíos/no judíos, pero también ciudadano/no ciudadano, etc.), en lugar de oponer como se tiene tendencia en nuestro caso, en la época de los derechos del hombre, un principio universal contra la división étnica, lleva a cabo algo muy sutil: corta la división misma. ¿La ley divide entre judíos y no-judíos? Bien, pues yo voy a cortar esta división por otro sitio. Hay muchos; por ejemplo, judío según la carne y judío según el espíritu, el soplo vital. Este corte carne/espíritu va a dividir la división exhaustiva que repartía la humanidad entre judíos y no judíos. Esta nueva partición va a producir judíos que no son judíos, puesto que son judíos según la carne pero no según el espíritu, y gentiles que son gentiles según la carne, pero no gentiles según el espíritu. Es decir, que va a producir un resto. Pablo introduce un resto en esta división judío/no judío. Es una especie de incisión que corta la línea misma. Así pues, es mucho más interesante: no opone un universal, pone en cuestión la división de la ley, introduce un resto. Puesto que el judío, según el espíritu no es no-judío, pero es todavía judío, se podría decir que es una especie de no-no-judío. En todas partes, Pablo trabaja de esta forma: divide la división en lugar de proponer un principio universal. Y lo que resta es el nuevo sujeto, pero indefinible, siempre resto porque puede venir de todas partes, del lado de los no judíos o del lado de los judíos.

Hay algo de precioso para representarse hoy una noción de pueblo, y es posible que también para pensar en lo que Deleuze decía cuando hablaba de pueblo menor, de pueblo en tanto que minoritario. Se trata menos de un problema de minorías que de una representación del pueblo como estando siempre en resto en relación con una división, cualquier cosa que resta o resiste a una división —no como una sustancia, sino como una diferencia. Se trataría de proceder más bien de esta forma, por división de la división, en lugar de preguntarse: «¿Cuál sería el principio universal comunitario que podría permitirnos convivir?». Al contrario. Se trata, frente a las divisiones que introduce la ley, a los cortes que la ley continuamente realiza, de trabajar sobre lo que pone en cuestión resistiendo, permaneciendo —resistir, permanecer, se trata de la misma raíz.[5]

P.- Es exactamente lo que sucede en Francia alrededor de los sin papeles. La ley definiría unos criterios, y el trabajo ha consistido no tanto en invocar un principio de hospitalidad general, cuanto en mostrar que todos los criterios producen situaciones que no se corresponden con ninguno: personas inexpulsables e irregularizables, etc. Finalmente, la estrategia de las asociaciones ha consistido en mostrar que se podía dividir los criterios de forma tal que no hay nadie que corresponda exactamente a la alternativa entre clandestino y regular. Hay una línea de referencia que resulta de esto.

R.- Es esto lo que me ha impresionado en Pablo. Es lo que se encuentra en la Biblia, en la figura del profeta: el profeta habla siempre de un resto de Israel. Es decir, que se dirige a Israel como a un todo, pero le anuncia que «sólo un resto será salvado». Es esto lo que se juega en Isaías, en Amós, en el discurso profético. Se podría decir que ahí no se trata de una porción numérica, sino del aspecto que todo pueblo debe tomar en el instante decisivo —en esta ocasión, la salvación o la elección, pero también podría ser en no importa qué otra. El pueblo debe producirse en resto, tomar el aspecto de este resto. Es preciso verlo siempre en una situación determinada: ¿qué es lo que, en tal situación, se posaría en tanto que resto? Esto no se corresponde a la distinción mayoría/minoría. Es otra cosa. Todo pueblo adquiere este aspecto si el instante es verdaderamente decisivo.

P.- Dicho esto, ¿qué lugar hay para las «situaciones determinadas» y los «instantes decisivos» en una crítica de la época tan radical como la tuya? Al leerte, se ve que te inclinas más del lado de la aporía, del callejón sin salida y del fracaso —sobre todo por la manera en la que reenvías espalda contra espalda,

---

5. La afirmación se explica porque, en francés, existe una relación entre los verbos résister (resistir) y rester (quedarse en un lugar, permanecer) que no se da en castellano [*Nota del traductor*].

sobre todo a partir de Debord, las figuras del totalitarismo y de la democracia— que del lado de la oportunidad, del golpe, del *kairos*, como tu dices. En tus libros, evocas especialmente una «experiencia de la impotencia absoluta», y «la soledad y el mutismo allí donde esperamos a la comunidad y al lenguaje». ¿Qué piensas sobre esto?

R.- A menudo se me ha reprochado, o al menos atribuido, ese pesimismo del que quizás no me doy cuenta. Sin embargo, yo no lo veo así. Hay una frase de Marx, que Debord cita también, que me gusta mucho, y es: «La situación desesperada de la sociedad en la que vivo me llena de esperanza». Comparto esta visión: la esperanza es dada para los desesperados. No me veo tan pesimista. No; para responder a vuestra pregunta pensaba en la horrible situación política de los años ochenta. Pienso también en la guerra del Golfo y en las guerras que la han seguido, en Yugoslavia especialmente. Digamos que la nueva figura de la dominación se dibuja ahora bastante bien. En el fondo es la primera vez que se ve con tanta claridad el modelo espectacular. No solamente en los medios de comunicación: se ha puesto en práctica políticamente, por así decir. Simone Weil dice en alguna parte que es un error considerar la guerra como un hecho que concierne a la política exterior —es necesario considerarla también como un hecho de política interna. Ahora bien, me parece que en estas guerras tiene lugar una absoluta indeterminación, una absoluta indiscernibilidad entre política interna y política exterior. Ahora, estos análisis se han vuelto triviales. Se los encuentra en boca de los expertos: la política exterior y la política interior son la misma cosa. Pero insisto: ahí no se encuentra ningún pesimismo psicológico o personal. Por lo demás, es otra manera de plantear el problema del sujeto. En el fondo es lo que me gusta de Simondon: se puede pensar que él reflexiona sobre la individuación siempre como coexistencia entre un principio individual y personal, y un principio impersonal, no individual. Es decir, que una vida está siempre hecha de dos fases al mismo tiempo, personal e impersonal, que están siempre en relación, incluso si se encuentran claramente separadas.

Creo que se podría calificar como «lo impersonal» al orden de la potencia impersonal con la cual toda vida está en relación.

Y se podría calificar como «desubjetivación» a la experiencia que se tiene todos los días de ir junto a una potencia impersonal, algo que al mismo tiempo nos sobrepasa y nos hace vivir. Me parece que la cuestión del arte de vivir podría plantearse así: ¿cómo estar en relación con esta potencia impersonal? ¿Cómo sabría el sujeto estar en relación con su potencia, que no le pertenece sino que le sobrepasa? Es un problema poético, por así decir. Los romanos llamaban a esto «el genio», principio impersonal fecundo que permite engendrar una vida. Ése, también, es un modelo posible. El sujeto no sería ni el sujeto consciente ni la potencia impersonal, sino lo que se da entre ellos. La desubjetivación no tiene solamente un aspecto sombrío u oscuro. No es simplemente la destrucción de toda subjetividad. Está también el otro polo, más fecundo y poético, donde el sujeto no es más que el sujeto de su propia desubjetivación. Permitidme, entonces, rechazar vuestra acusación: estoy seguro de que sois más pesimistas que yo...

AUTORES

RICHARD CLEMINSON es Senior Lecturer in Spanish en la Universidad de Leeds, Reino Unido. Su investigación se centra en la historia de la sexualidad en España y es autor, entre otras publicaciones, de *Anarchism, Science and Sex: Eugenics in Eastern Spain, 1900-1937* (Oxford, 2000). Ha publicado en revistas académicas que incluyen *Bulletin of Spanish Studies*, *Dynamis*, *Sexualities* y *Anarchist Studies*.

JESÚS HERNÁNDEZ REYNÉS. Profesor del Dpto. de Filosofía de la Univ. Autónoma de Barcelona. Enseña principalmente Filosofía Antigua, materia sobre la que versan muchos de sus trabajos publicados en revistas especializadas. Ha escrito artículos relacionados con el problema de la realidad virtual y, más recientemente, a lo largo de los tres últimos años, ha organizado cursos de doctorado sobre la cuestión del biopoder.

ANTONI MORA coordinó los monográficos de la revista *Anthropos* dedicados a E. Nicol (1998), M. Blanchot (2001) y J.-L. Nancy (2004). Autor de *Mite i raó política en Joan Maragall* (2000). Miembro del consejo de redacción de la revista *Orientaciones*. Traductor de J. Derrida al catalán y de D. Sibony al castellano, entre otros escritores.

FRANCISCO ORTEGA. Doctor en Filosofía por la Univ. de Bielefeld (Alemania). Profesor adjunto del Instituto de Medicina Social de la Univ. del Estado de Río de Janeiro. Autor de: *Amizade e estética da existência em Foucault*. Río de Janeiro: Graal, 1999; *Para uma política da amizade - Arendt, Derrida, Foucault.* 2.ª ed. Río de Janeiro: Relume Dumará, 2000; *Genealogias da amizade*. São Paulo: Iluminuras, 2002.

JAVIER UGARTE PÉREZ. Doctor en Filosofía por la Universidad de Oviedo con una Tesis sobre Michel Foucault. En 1999, promovió *Orientaciones. Revista de homosexualidades,* de la que fue su director hasta 2003, formando parte después de su Consejo Editorial. Imparte cursos de Humanidades en la Univ. Carlos III de Madrid. Acaba de publicar *Sin derramamiento de sangre.* Madrid-Barcelona: Egales, 2005.

FRANCISCO VÁZQUEZ GARCÍA. Catedrático de Filosofía por la Univ. de Cádiz. Estudioso del pensamiento francés contemporáneo y especialista en historia de la moral sexual en España, temas sobre los que ha publicado libros y artículos. Ha sido profesor visitante en el Centre de Recherches Historiques de la Escuela de Altos Estudios en París, e impartido cursos y conferencias en Universidades en España, Francia y México.

ÍNDICE